쉽고 재미있게
생각하는 연산!

# 연산력 수학

## 느크

**A3**
(6~7세)

더하기와 빼기 2, 3

# 똑!똑! 연산력 수학
# 노크의 구성


▶ 하루에 4쪽씩 한 가지 주제를 학습합니다.

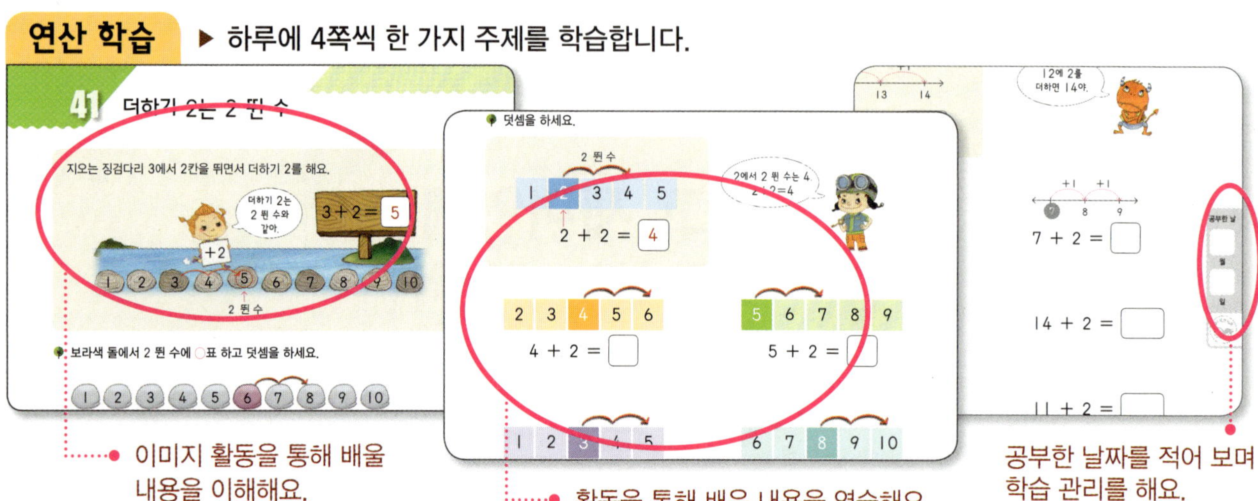


이미지 활동을 통해 배울 내용을 이해해요.

활동을 통해 배운 내용을 연습해요.

공부한 날짜를 적어 보며 학습 관리를 해요.


▶ 배웠던 주제를 평가해 봅니다.

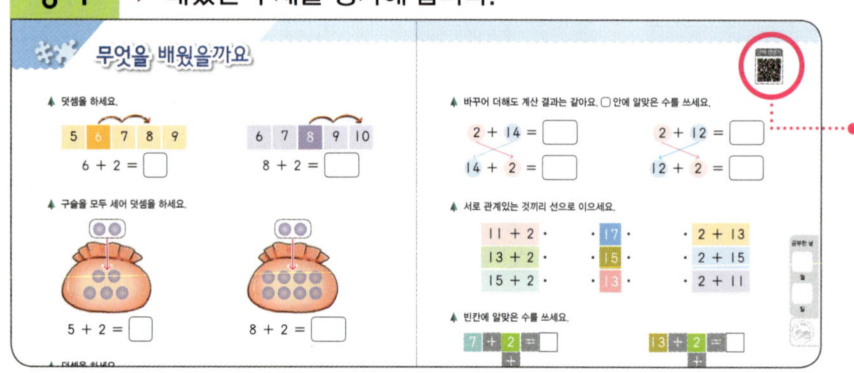


"문제 생성기" QR코드를 이용하면 여러 문제를 더 풀어 볼 수 있어요.


▶ 연산 학습의 부족한 부분을 연습합니다.



각 주제별로 학습했던 연산 학습 중 연습이 더 필요한 부분을 본책 맨 뒤에서 제공합니다.
해당 연산 학습을 끝낸 후에 사용하세요.

# 연산력 수학 노크만의 스마트 학습

## 문제 생성기

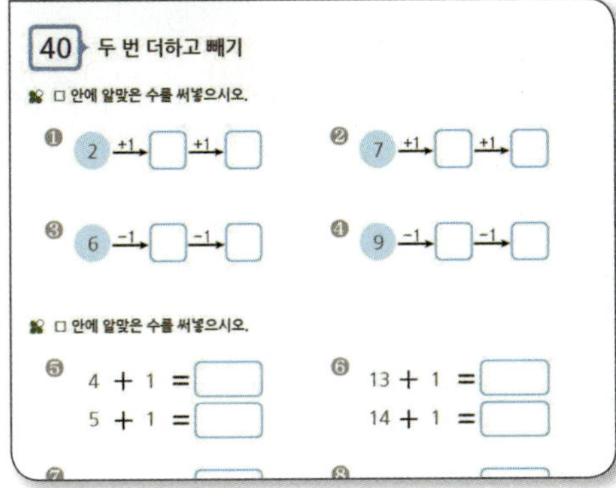



"무엇을 배웠을까요"를 풀고 난 후 QR코드를 찍어 보세요.
새로운 문제들이 계속 생성됩니다.
출력하여 사용하세요.

## 연산력 게임

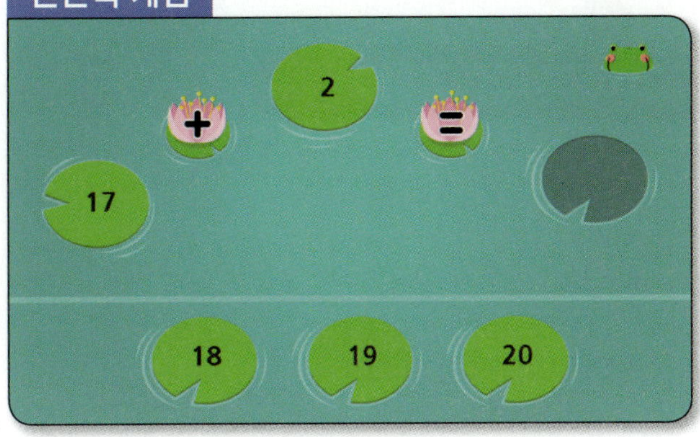



"연산력 게임" 코너에 있는 QR코드를 찍어 보세요.
연산 학습과 연계된 재미있는 연산력 게임을 할 수 있습니다.

애니메이션

## 연산력 수학 노크에 나오는 친구들을 소개해요!!

### 모험가 친구들

지오

호기심 공주

태경

활동파 리더

### 마법사 멀린과 수학 요정

마법사 멀린

### 꼬마 요괴

딴소리   한입   장난   딴짓   멍하니   잠만자   울보   거꾸로

# 차례

# 20까지의 더하기 2

▶ 연산 보충 학습(102~103쪽)에서 더 풀어 보세요.


## 학부모 지도 가이드

이번 차시에서는 20까지의 수에서 더하기 2를 배우게 됩니다. 더하기 2를 2 뛴 수로 접근하여 덧셈의 개념을 이해하게 되고 수식 모델을 통하여 오른쪽으로 2칸 뛴 수가 더하기 2임을 알게 됩니다. 이를 통하여 숫자와 기호를 사용한 덧셈을 연습할 수 있도록 지도해 주세요.

🌳 보라색 돌에서 2 뛴 수에 ◯표 하고 덧셈을 하세요.

1 2 3 4 5 6 7 8 9 10

$$6 + 2 = \boxed{\phantom{0}}$$

1 2 3 4 5 6 7 8 9 10

$$5 + 2 = \boxed{\phantom{0}}$$

1 2 3 4 5 6 7 8 9 10

$$8 + 2 = \boxed{\phantom{0}}$$

## 덧셈을 하세요.

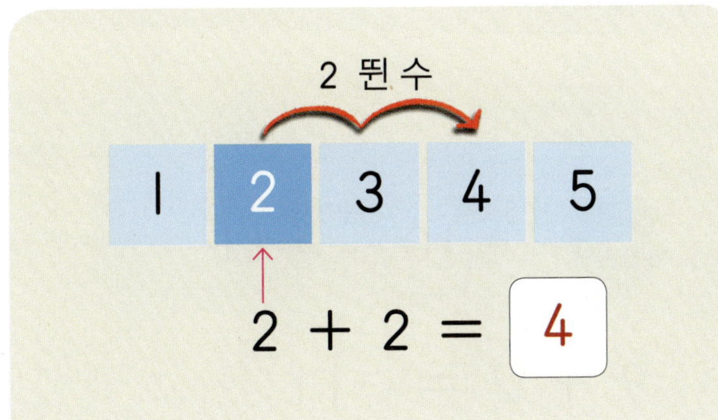

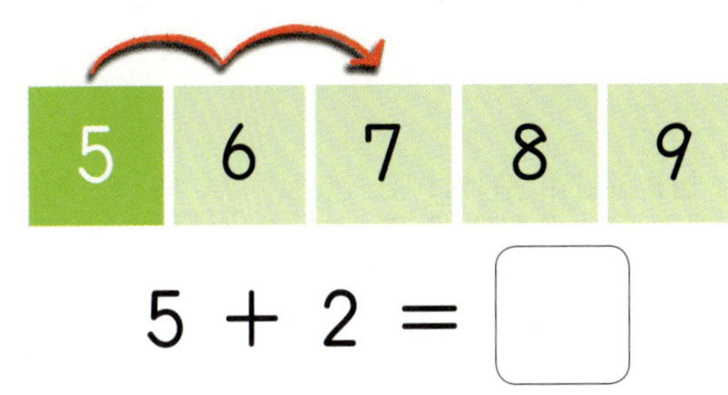

2 3 4 5 6

4 + 2 = ☐

5 6 7 8 9

5 + 2 = ☐

1 2 3 4 5

3 + 2 = ☐

6 7 8 9 10

8 + 2 = ☐

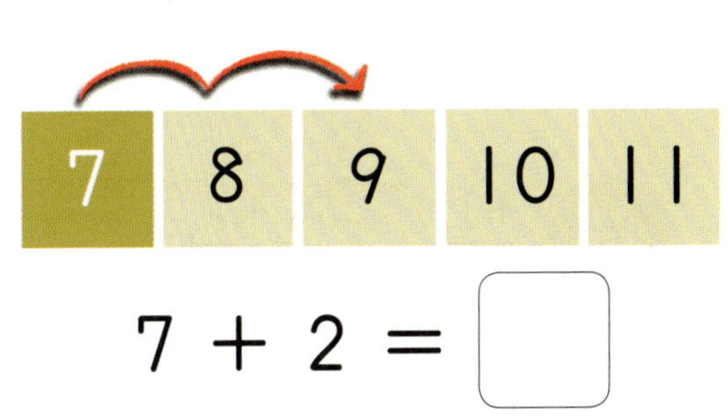

1 2 3 4 5

1 + 2 = ☐

7 8 9 10 11

7 + 2 = ☐

$$9 \xrightarrow{+1} 10 \xrightarrow{+1} 11$$

$$9 + 2 = \boxed{11}$$

빈 곳에 알맞은 수를 쓰고 덧셈을 하세요.

$$11 \xrightarrow{+1} \bigcirc \xrightarrow{+1} \boxed{\phantom{0}}$$

$$11 + 2 = \boxed{\phantom{0}}$$

$$13 \xrightarrow{+1} \bigcirc \xrightarrow{+1} \boxed{\phantom{0}}$$

$$13 + 2 = \boxed{\phantom{0}}$$

$$16 \xrightarrow{+1} \bigcirc \xrightarrow{+1} \boxed{\phantom{0}}$$

$$16 + 2 = \boxed{\phantom{0}}$$

$$15 \xrightarrow{+1} \bigcirc \xrightarrow{+1} \boxed{\phantom{0}}$$

$$15 + 2 = \boxed{\phantom{0}}$$

$$18 \xrightarrow{+1} \bigcirc \xrightarrow{+1} \boxed{\phantom{0}}$$

$$18 + 2 = \boxed{\phantom{0}}$$

$$12 \xrightarrow{+1} \bigcirc \xrightarrow{+1} \boxed{\phantom{0}}$$

$$12 + 2 = \boxed{\phantom{0}}$$

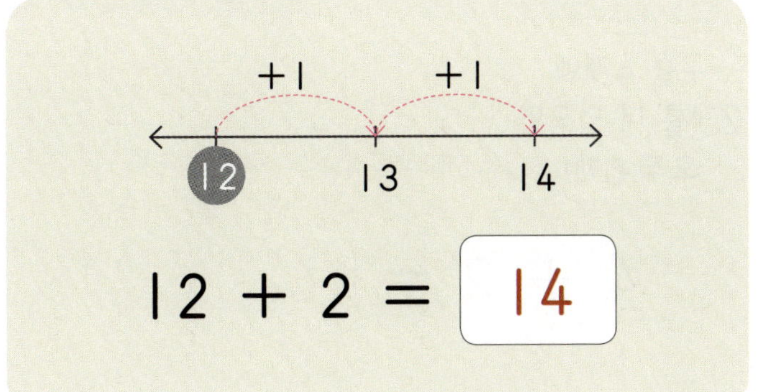

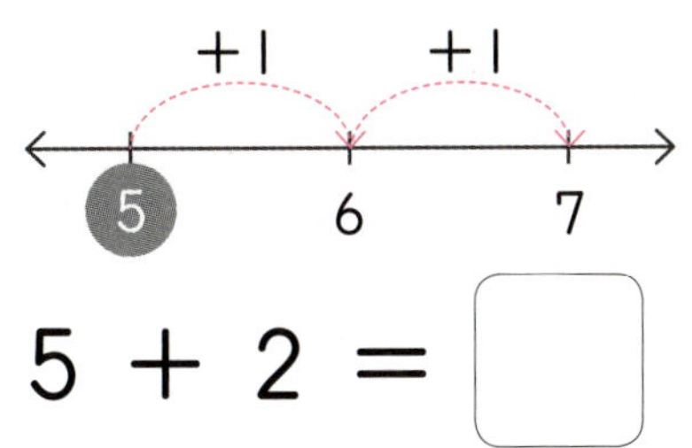


$5 + 2 =$

$10 + 2 =$

$17 + 2 =$

$9 + 2 =$



$7 + 2 =$

$14 + 2 =$

$11 + 2 =$

$16 + 2 =$

태경이는 주머니에 구슬을 더 넣어 덧셈을 하고 있어요.

$$4 + 2 = \boxed{6}$$

🌳 구슬을 모두 세어 덧셈을 하세요.

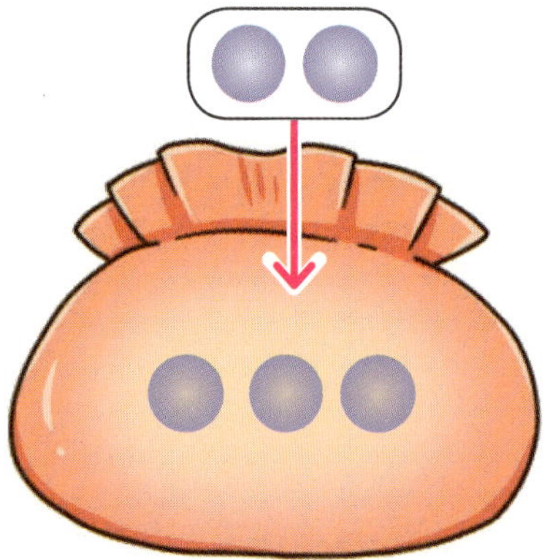

$$3 + 2 = \boxed{\phantom{0}}$$

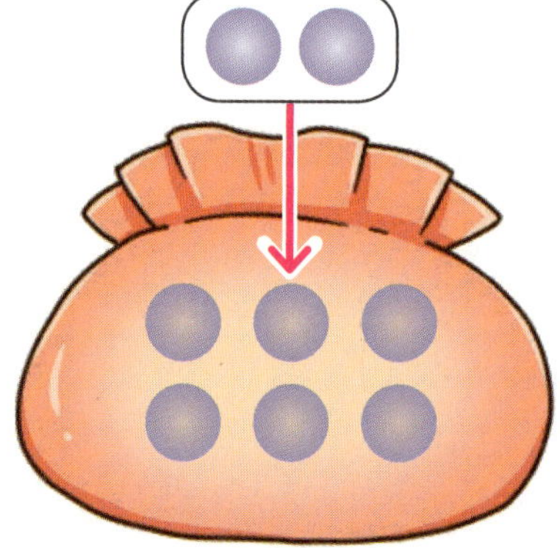

$$6 + 2 = \boxed{\phantom{0}}$$

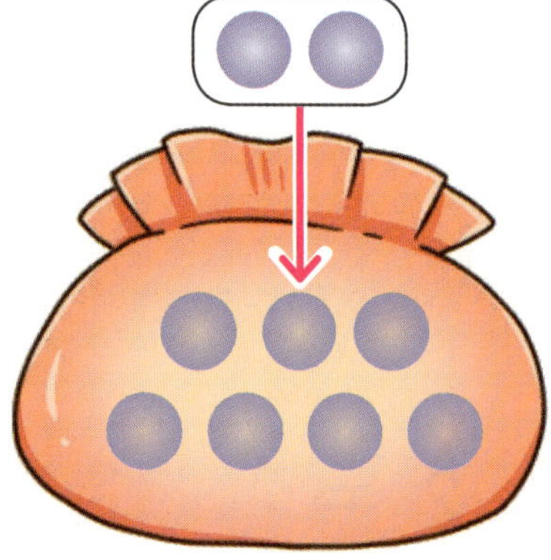

$$7 + 2 = \boxed{\phantom{0}}$$

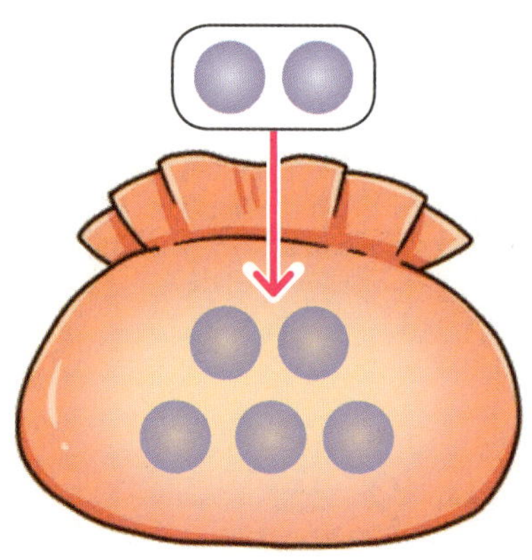

$$5 + 2 = \boxed{\phantom{0}}$$

🌳 붙임 딱지 ⬤ 를 2장 붙이고 덧셈을 하세요. ➡ 책 앞에 있는 붙임 딱지를 사용하세요.

$$6 + 2 = \boxed{8}$$

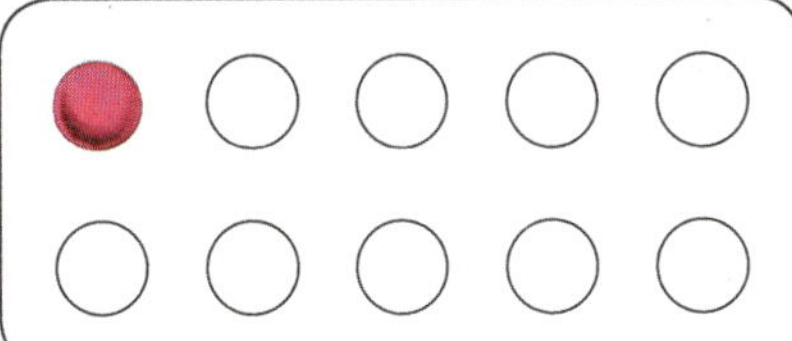

$$1 + 2 = \boxed{\phantom{0}}$$

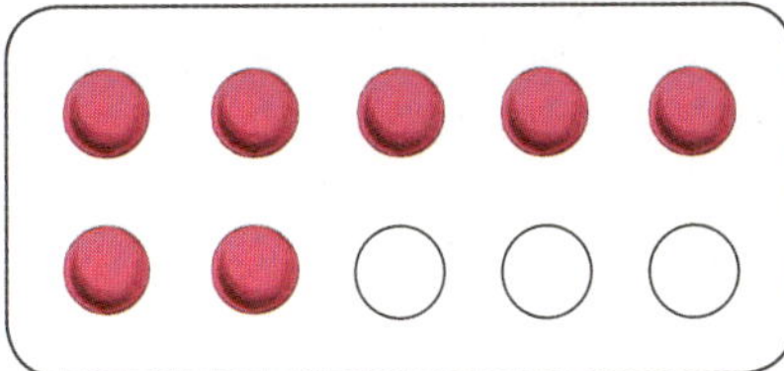

$$7 + 2 = \boxed{\phantom{0}}$$

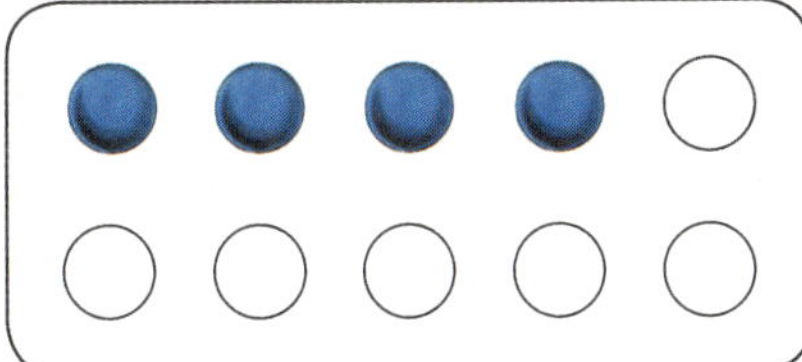

$$4 + 2 = \boxed{\phantom{0}}$$

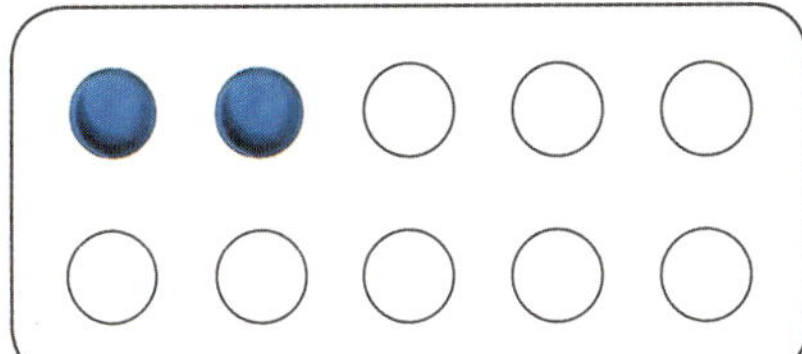

$$2 + 2 = \boxed{\phantom{0}}$$

$$6 + 2 = \boxed{\phantom{0}}$$

$$3 + 2 = \boxed{\phantom{0}}$$

지오는 연결큐브 2개를 더 끼워 연결큐브의 개수를 알아보려고 해요.

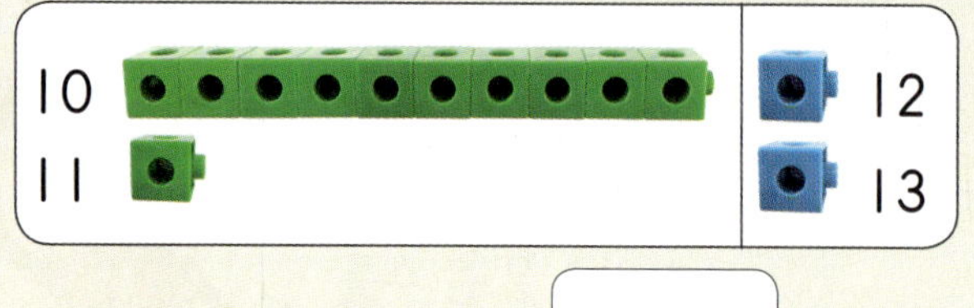

$$11 + 2 = \boxed{13}$$

🌳 붙임 딱지 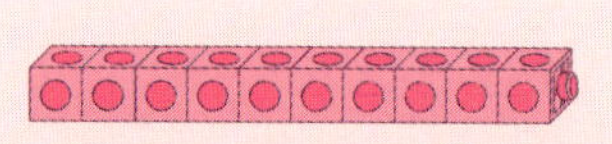 를 2장 붙이고 덧셈을 하세요. ➡ 책 앞에 있는 붙임 딱지를 사용하세요.

$$15 + 2 = \boxed{\phantom{0}}$$

$$10 + 2 = \boxed{\phantom{0}}$$

$$17 + 2 = \boxed{\phantom{0}}$$

$$13 + 2 = \boxed{\phantom{0}}$$

$$14 + 2 = \boxed{\phantom{0}}$$

$$16 + 2 = \boxed{\phantom{0}}$$

덧셈을 하세요.

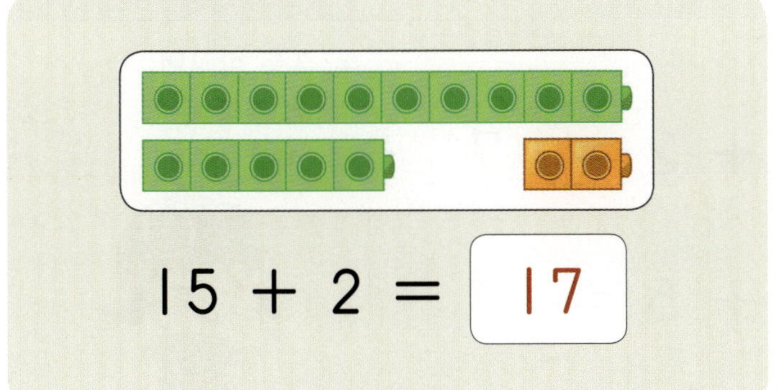

$15 + 2 = \boxed{17}$

$1 + 2 = \boxed{\phantom{0}}$

$8 + 2 = \boxed{\phantom{0}}$

$11 + 2 = \boxed{\phantom{0}}$

$18 + 2 = \boxed{\phantom{0}}$

$16 + 2 = \boxed{\phantom{0}}$

$13 + 2 = \boxed{\phantom{0}}$

$10 + 2 = \boxed{\phantom{0}}$

$12 + 2 = \boxed{\phantom{0}}$

공부한 날

월

일

# 바꾸어 더하기

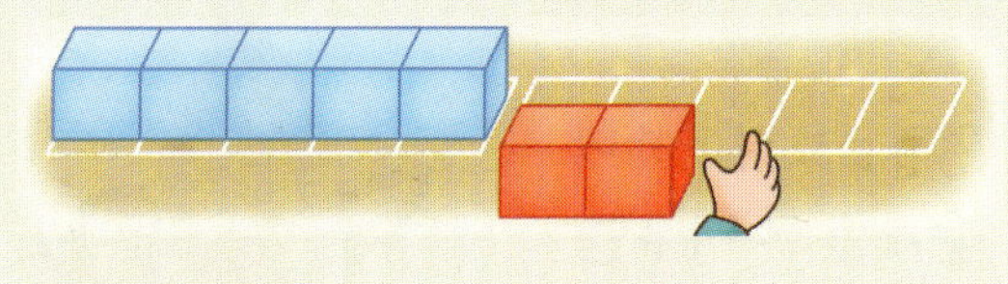
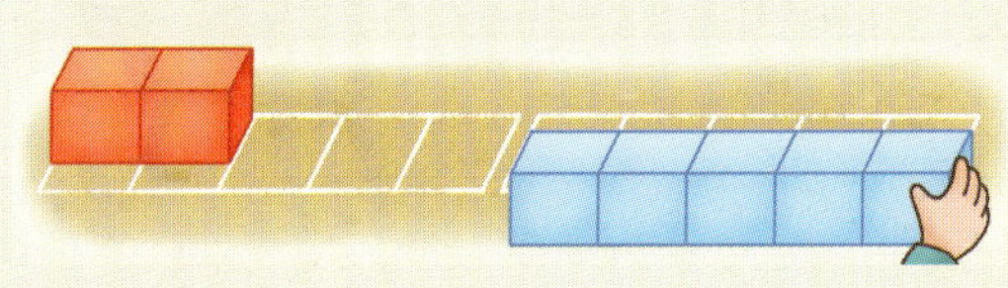

태경이는 두 가지 색깔의 상자를 서로 다른 방법으로 놓았어요.

$$5 + 2 = 7$$
$$2 + 5 = 7$$

🌳 바꾸어 더하려고 해요. 개수를 세어 덧셈을 하세요.

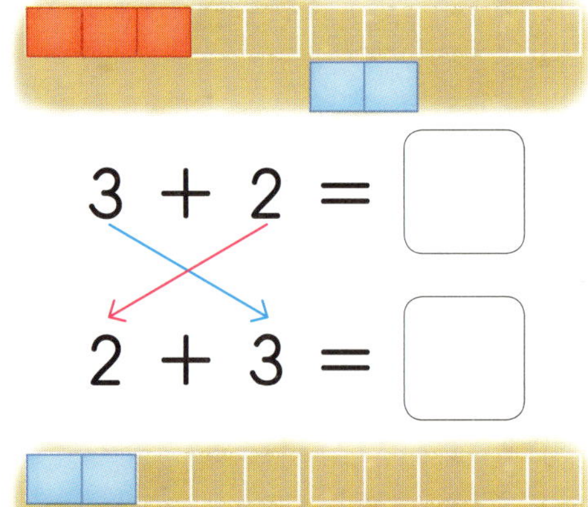

$$3 + 2 = \square$$
$$2 + 3 = \square$$

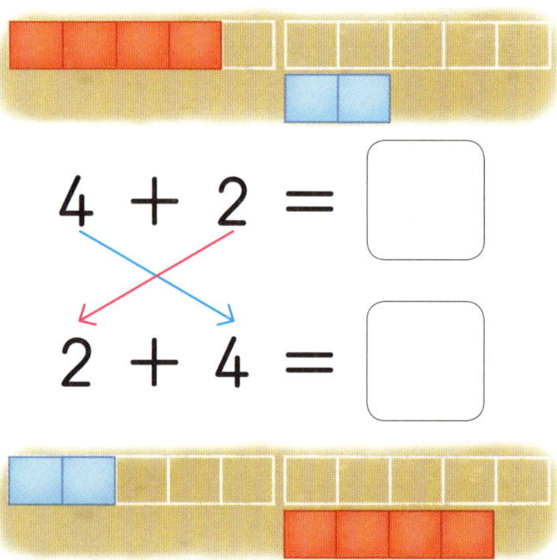

$$4 + 2 = \square$$
$$2 + 4 = \square$$

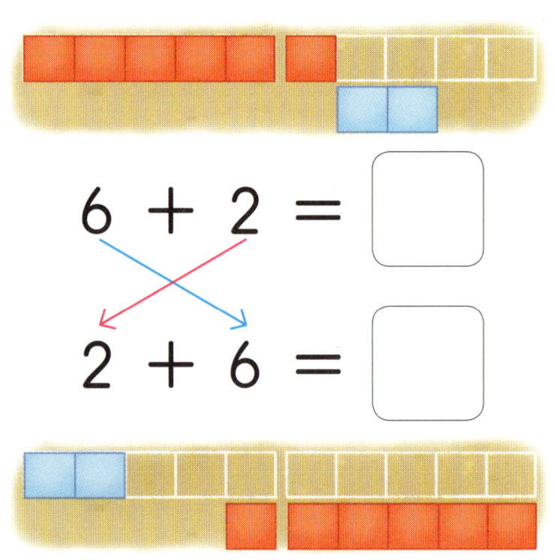

$$6 + 2 = \square$$
$$2 + 6 = \square$$

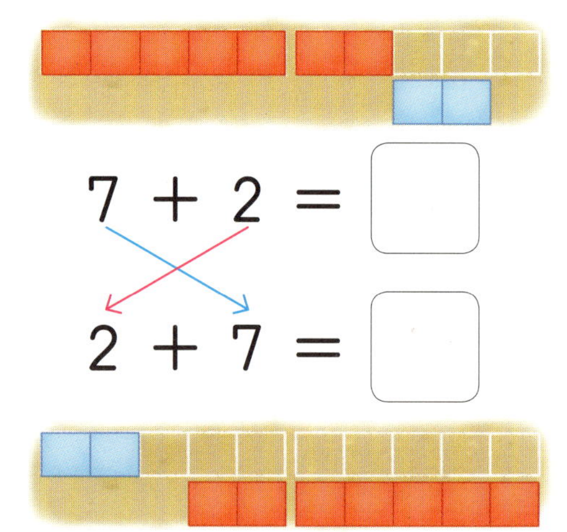

$$7 + 2 = \square$$
$$2 + 7 = \square$$

# 덧셈을 하세요.

$$4 + 2 = 6$$
$$2 + 4 = 6$$

$1 + 2 = \boxed{\phantom{0}}$
$2 + 1 = \boxed{\phantom{0}}$

$6 + 2 = \boxed{\phantom{0}}$
$2 + 6 = \boxed{\phantom{0}}$

$7 + 2 = \boxed{\phantom{0}}$
$2 + 7 = \boxed{\phantom{0}}$

$5 + 2 = \boxed{\phantom{0}}$
$2 + 5 = \boxed{\phantom{0}}$

$8 + 2 = \boxed{\phantom{0}}$
$2 + 8 = \boxed{\phantom{0}}$

$3 + 2 = \boxed{\phantom{0}}$
$2 + 3 = \boxed{\phantom{0}}$

태경이는 바나나를 거울에 비추어 보았어요.

$$2 + 4 = \boxed{6} \qquad 4 + 2 = \boxed{6}$$

같습니다.

🌳 덧셈을 하세요.

$$2 + 15 = \boxed{\phantom{00}}$$
$$15 + 2 = \boxed{\phantom{00}}$$

$$2 + 10 = \boxed{\phantom{00}}$$
$$10 + 2 = \boxed{\phantom{00}}$$

$$2 + 17 = \boxed{\phantom{00}}$$
$$17 + 2 = \boxed{\phantom{00}}$$

$$2 + 13 = \boxed{\phantom{00}}$$
$$13 + 2 = \boxed{\phantom{00}}$$

$$2 + 11 = \boxed{\phantom{00}}$$
$$11 + 2 = \boxed{\phantom{00}}$$

$$2 + 16 = \boxed{\phantom{00}}$$
$$16 + 2 = \boxed{\phantom{00}}$$

$$2 + 16 = 18$$
$$16 + 2 = 18$$

$$2 + 1 = \square$$
$$1 + 2 = \square$$

$$2 + 7 = \square$$
$$7 + 2 = \square$$

$$2 + 13 = \square$$
$$13 + 2 = \square$$

$$2 + 15 = \square$$
$$15 + 2 = \square$$

$$2 + 14 = \square$$
$$14 + 2 = \square$$

$$2 + 18 = \square$$
$$18 + 2 = \square$$

# 더하기 2, 2 더하기

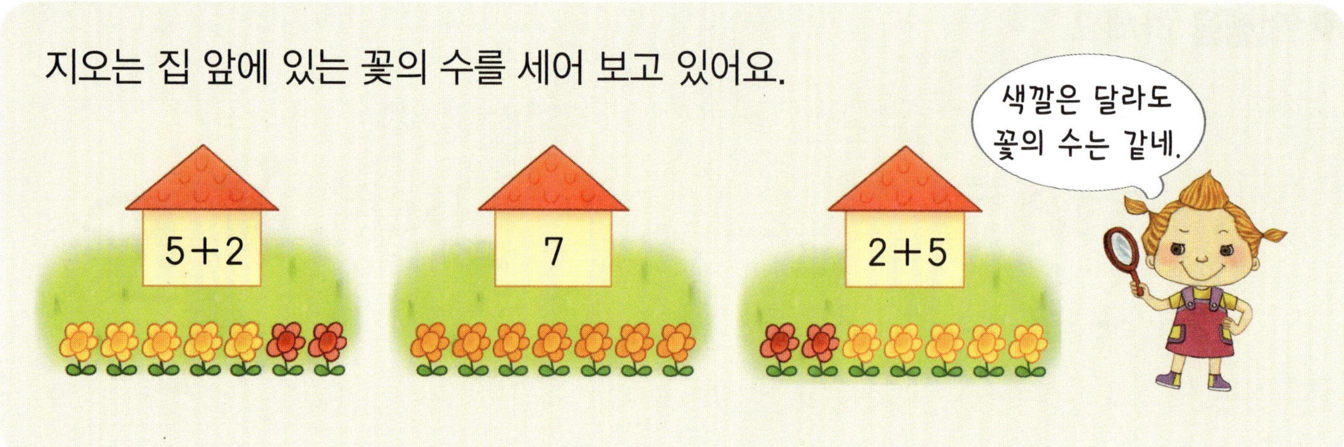


🌳 서로 관계있는 것끼리 선으로 이으세요.

| | | |
|---|---|---|
| 14 + 2 | 17 | 2 + 11 |
| 11 + 2 | 16 | 2 + 14 |
| 15 + 2 | 13 | 2 + 15 |

| | | |
|---|---|---|
| 10 + 2 | 12 | 2 + 9 |
| 7 + 2 | 11 | 2 + 7 |
| 9 + 2 | 9 | 2 + 10 |

| | | |
|---|---|---|
| 13 + 2 | 18 | 2 + 17 |
| 17 + 2 | 19 | 2 + 16 |
| 16 + 2 | 15 | 2 + 13 |

$$2 + 10 = \boxed{12}$$
$$10 + 2 = \boxed{12}$$



$$4 + 2 = \boxed{\phantom{0}}$$
$$2 + 4 = \boxed{\phantom{0}}$$

$$6 + 2 = \boxed{\phantom{0}}$$
$$2 + 6 = \boxed{\phantom{0}}$$

$$2 + 7 = \boxed{\phantom{0}}$$
$$7 + 2 = \boxed{\phantom{0}}$$

$$2 + 4 = \boxed{\phantom{0}}$$
$$4 + 2 = \boxed{\phantom{0}}$$

$$11 + 2 = \boxed{\phantom{0}}$$
$$2 + 11 = \boxed{\phantom{0}}$$

$$15 + 2 = \boxed{\phantom{0}}$$
$$2 + 15 = \boxed{\phantom{0}}$$

태경이는 T 모양 퍼즐을 풀고 있어요.

🌳 빈칸에 알맞은 수를 쓰세요.

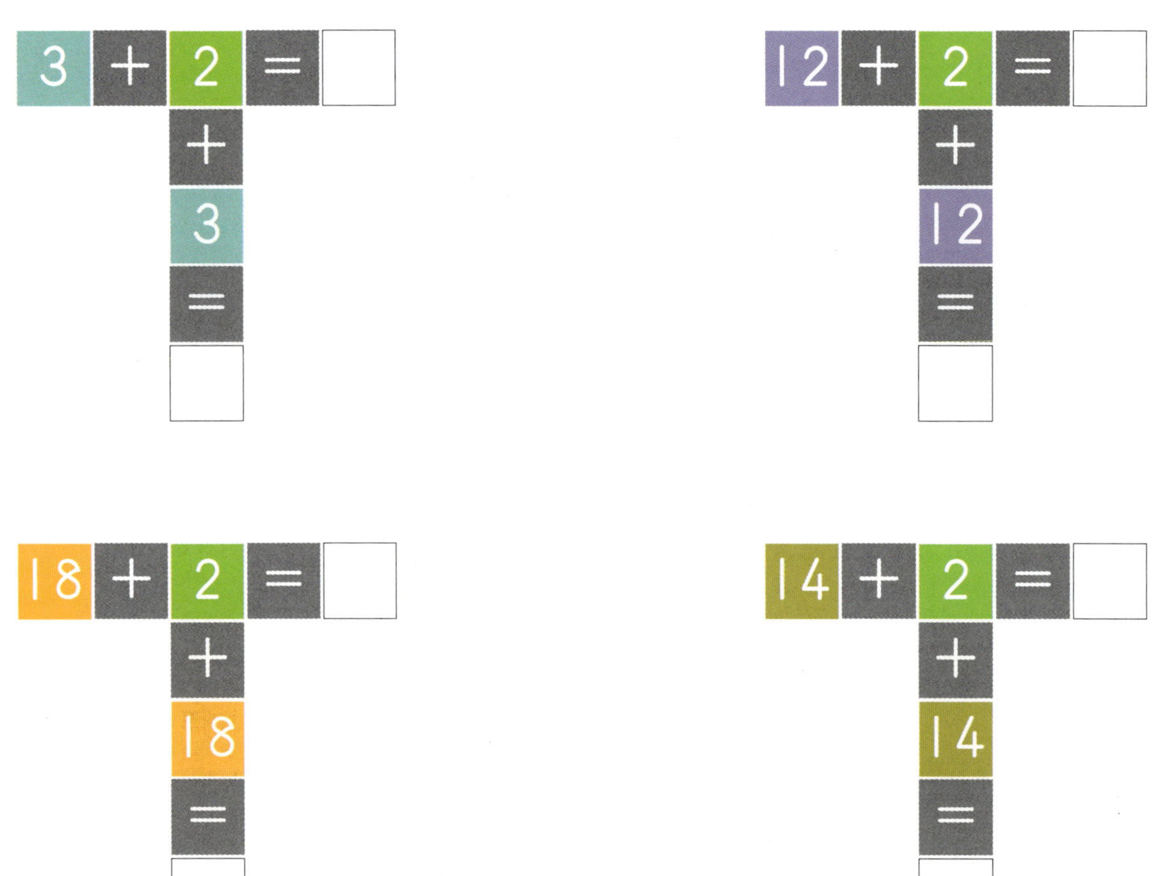

$$2 + 12 = \boxed{14}$$
$$12 + 2 = \boxed{14}$$

$2 + 6 = \boxed{\phantom{0}}$

$2 + 5 = \boxed{\phantom{0}}$

$2 + 7 = \boxed{\phantom{0}}$

$2 + 9 = \boxed{\phantom{0}}$

$2 + 18 = \boxed{\phantom{0}}$

$2 + 11 = \boxed{\phantom{0}}$

$2 + 13 = \boxed{\phantom{0}}$

$2 + 16 = \boxed{\phantom{0}}$

🌳 빈 곳에 알맞은 수를 쓰세요.

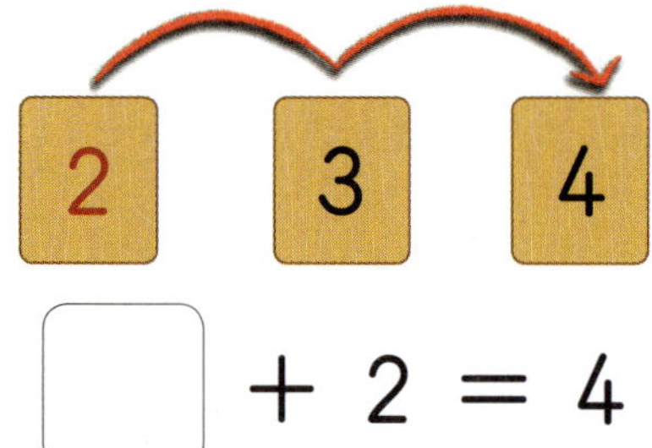

$$\boxed{\phantom{0}} + 2 = 4$$

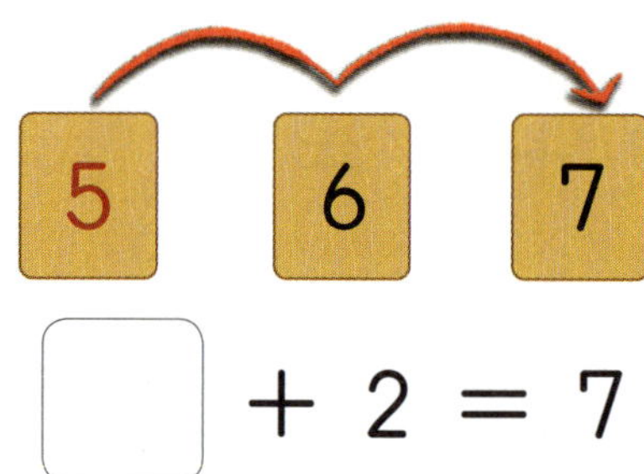

$$\boxed{\phantom{0}} + 2 = 7$$

$$\boxed{\phantom{0}} + 2 = 11$$

$$\boxed{\phantom{0}} + 2 = 14$$

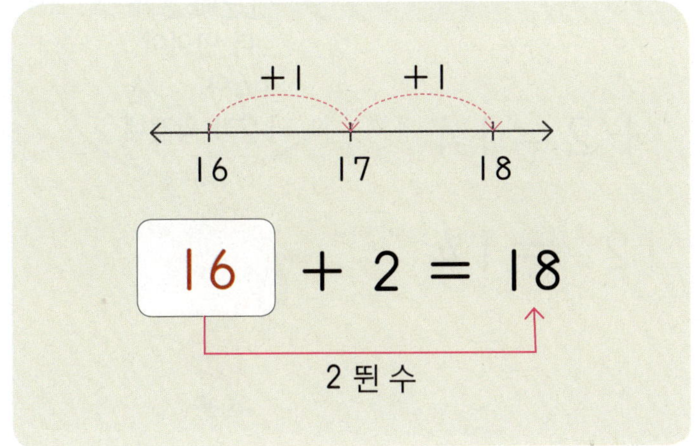

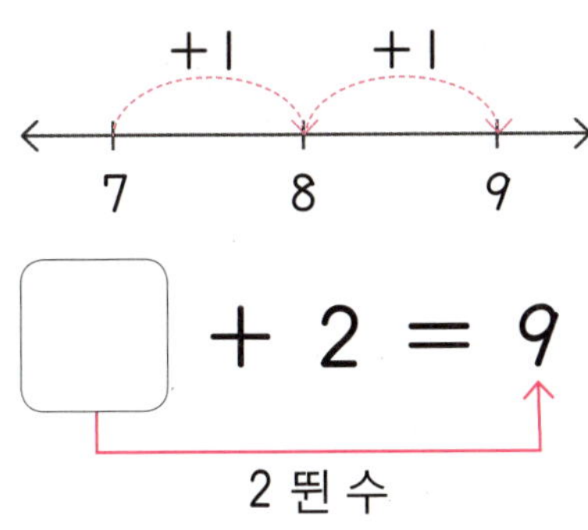




◻ + 2 = 5

◻ + 2 = 6

◻ + 2 = 12

◻ + 2 = 16

◻ + 2 = 17

◻ + 2 = 15

블록: 12 | 2 / 14 / 2 | 12

$$\boxed{12} + 2 = 14$$

$$2 + \boxed{12} = 14$$

🌳 ☐ 안에 알맞은 수를 쓰세요.

블록: 8 | 2 / 10 / 2 | 8

$$\boxed{\phantom{0}} + 2 = 10$$

$$2 + \boxed{\phantom{0}} = 10$$

블록: 11 | 2 / 13 / 2 | 11

$$\boxed{\phantom{0}} + 2 = 13$$

$$2 + \boxed{\phantom{0}} = 13$$

블록: 14 | 2 / 16 / 2 | 14

$$\boxed{\phantom{0}} + 2 = 16$$

$$2 + \boxed{\phantom{0}} = 16$$

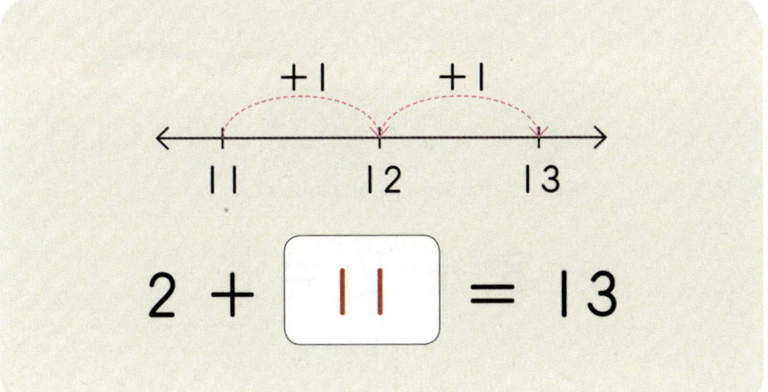

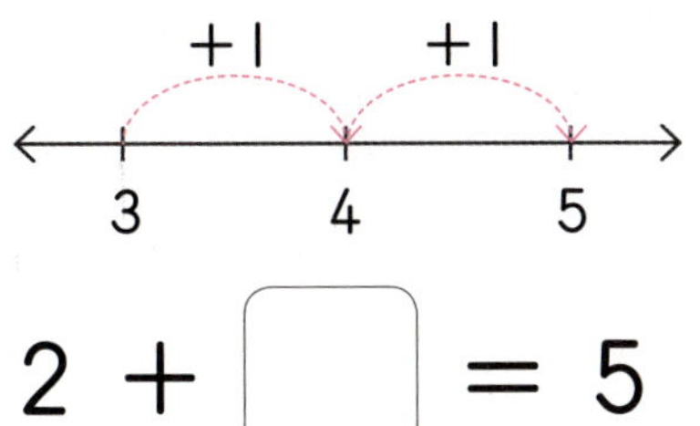


$2 + \boxed{\phantom{0}} = 5$

$2 + \boxed{\phantom{0}} = 9$

$2 + \boxed{\phantom{0}} = 19$

$2 + \boxed{\phantom{0}} = 18$



$2 + \boxed{\phantom{0}} = 11$

$2 + \boxed{\phantom{0}} = 4$

$2 + \boxed{\phantom{0}} = 17$

$2 + \boxed{\phantom{0}} = 20$

🌲 덧셈을 하세요.

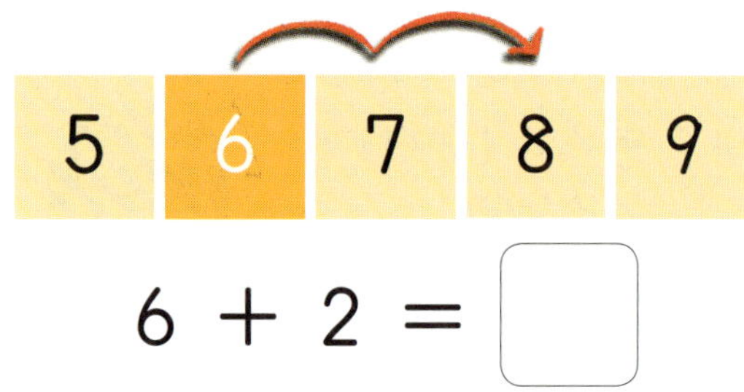

$6 + 2 = \boxed{\phantom{0}}$

$8 + 2 = \boxed{\phantom{0}}$

🌲 구슬을 모두 세어 덧셈을 하세요.

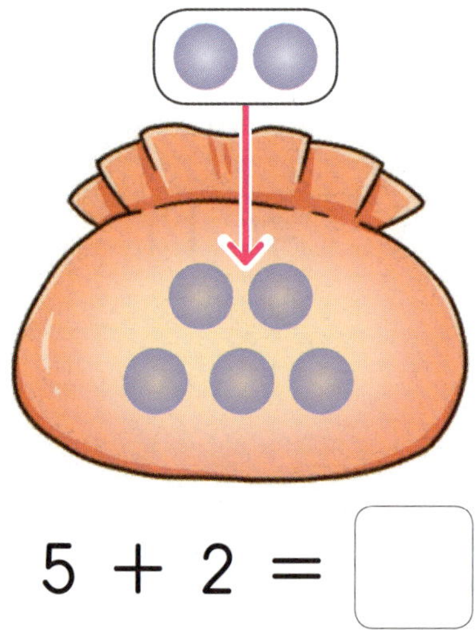

$5 + 2 = \boxed{\phantom{0}}$

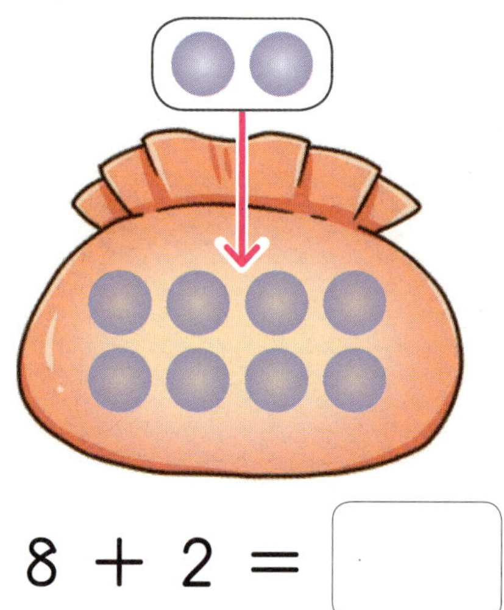

$8 + 2 = \boxed{\phantom{0}}$

🌲 덧셈을 하세요.

$14 + 2 = \boxed{\phantom{0}}$

$17 + 2 = \boxed{\phantom{0}}$

🌲 개수를 세어 덧셈을 하세요.

$2 + 5 = \boxed{\phantom{0}}$

$5 + 2 = \boxed{\phantom{0}}$

🌲 바꾸어 더해도 계산 결과는 같아요. ☐ 안에 알맞은 수를 쓰세요.

$$2 + 14 = \boxed{\phantom{00}}$$
$$14 + 2 = \boxed{\phantom{00}}$$

$$2 + 12 = \boxed{\phantom{00}}$$
$$12 + 2 = \boxed{\phantom{00}}$$

🌲 서로 관계있는 것끼리 선으로 이으세요.

| 11 + 2 | · | · | 17 | · | · | 2 + 13 |
| 13 + 2 | · | · | 15 | · | · | 2 + 15 |
| 15 + 2 | · | · | 13 | · | · | 2 + 11 |

🌲 빈칸에 알맞은 수를 쓰세요.

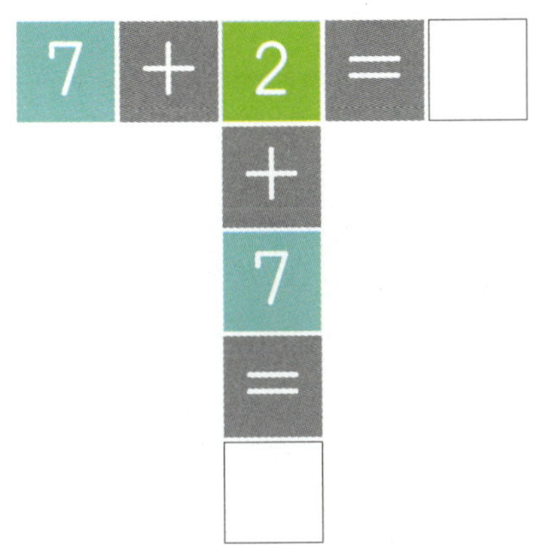

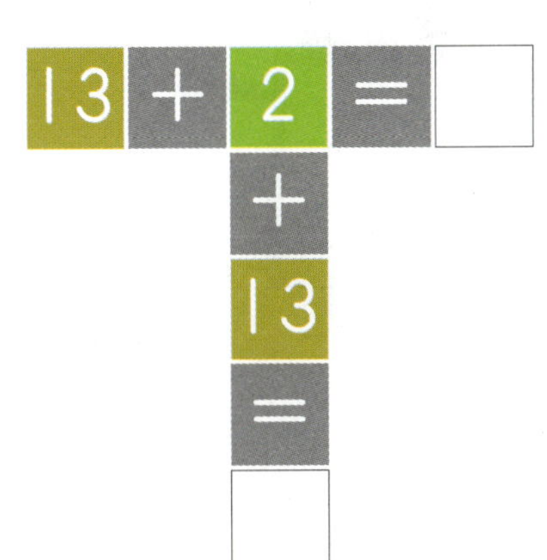



🌲 ☐ 안에 알맞은 수를 쓰세요.

$$\boxed{\phantom{00}} + 2 = 14 \qquad 2 + \boxed{\phantom{00}} = 13$$

QR코드를 찍으면 다양한 연산 게임을 할 수 있어요.

# 연산력 게임

## 과일은 몇 개일까요

양쪽에 있는 과일은 모두 몇 개일까요?

오른쪽에서 찾아 손가락으로 끌어서 넣으세요. 3을 넣으면 정답입니다.

연잎에 써 있는 수를 더해 빈 곳에 알맞은 연잎을 찾아보세요.

아래쪽에서 찾아 손가락으로 끌어서 넣으세요. 19를 넣으면 정답입니다.

## 점프하는 개구리 왕자

# 20까지의 더하기 3

▶ 연산 보충 학습(104~105쪽)에서 더 풀어 보세요.

## 학부모 지도 가이드

이번 차시에서는 더하기 3을 배웁니다.

아직 10에 대한 보수와 받아올림을 이용하여 덧셈을 계산하지는 못하지만 더하기 3이 3 큰 수, 3 뛴 수라는 것을 이용해 덧셈을 할 수도 있다는 것을 도형이나 수직선을 이용하여 설명해 주세요.

$$2 + 3 = 5$$

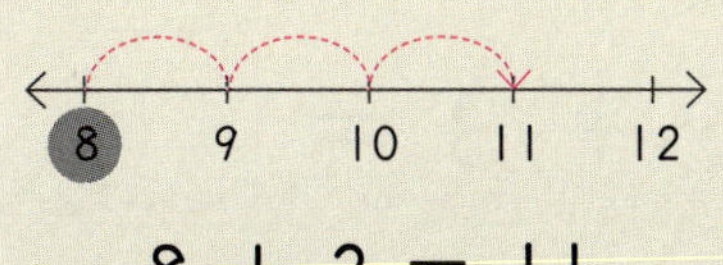

$$8 + 3 = 11$$

# 46 더하기 3은 3 뛴 수

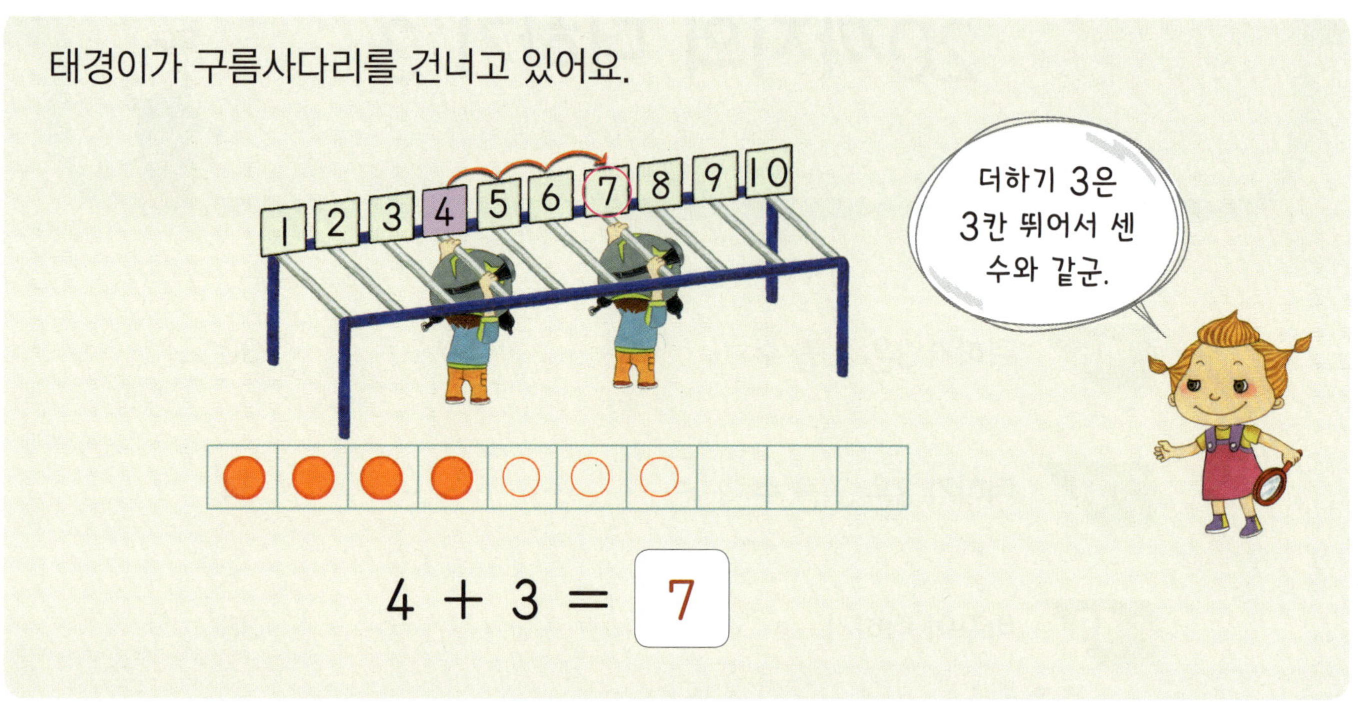


🌳 색칠된 칸에서 3칸 뛴 수에 ◯표 하고 덧셈을 하세요.

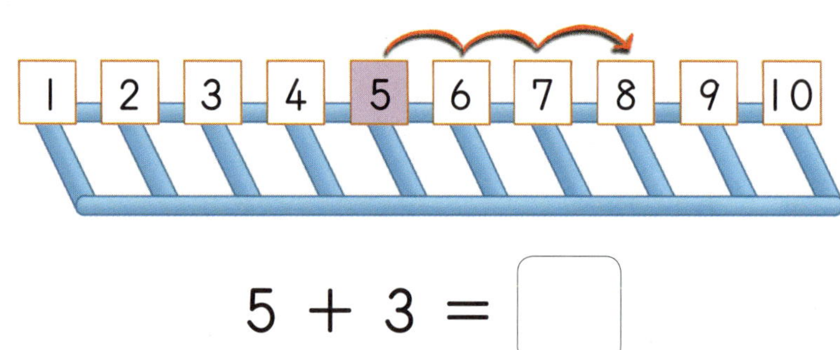


5 + 3 = ☐

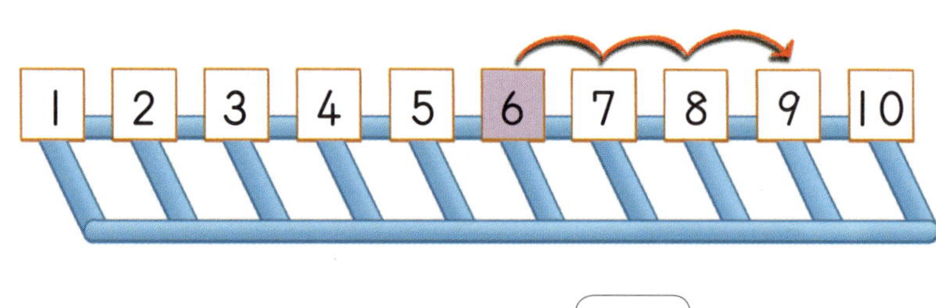


6 + 3 = ☐

🌳 덧셈을 하세요.

| 1 | 2 | 3 | 4 | 5 |

$$2 + 3 = \boxed{5}$$

| 2 | 3 | 4 | 5 | 6 |

$$3 + 3 = \boxed{\phantom{0}}$$

| 5 | 6 | 7 | 8 | 9 |

$$5 + 3 = \boxed{\phantom{0}}$$

| 1 | 2 | 3 | 4 | 5 |

$$1 + 3 = \boxed{\phantom{0}}$$

| 3 | 4 | 5 | 6 | 7 |

$$4 + 3 = \boxed{\phantom{0}}$$

| 6 | 7 | 8 | 9 | 10 |

$$6 + 3 = \boxed{\phantom{0}}$$

| 6 | 7 | 8 | 9 | 10 |

$$7 + 3 = \boxed{\phantom{0}}$$

지오가 블록을 이용하여 더하기 3을 공부하고 있어요.

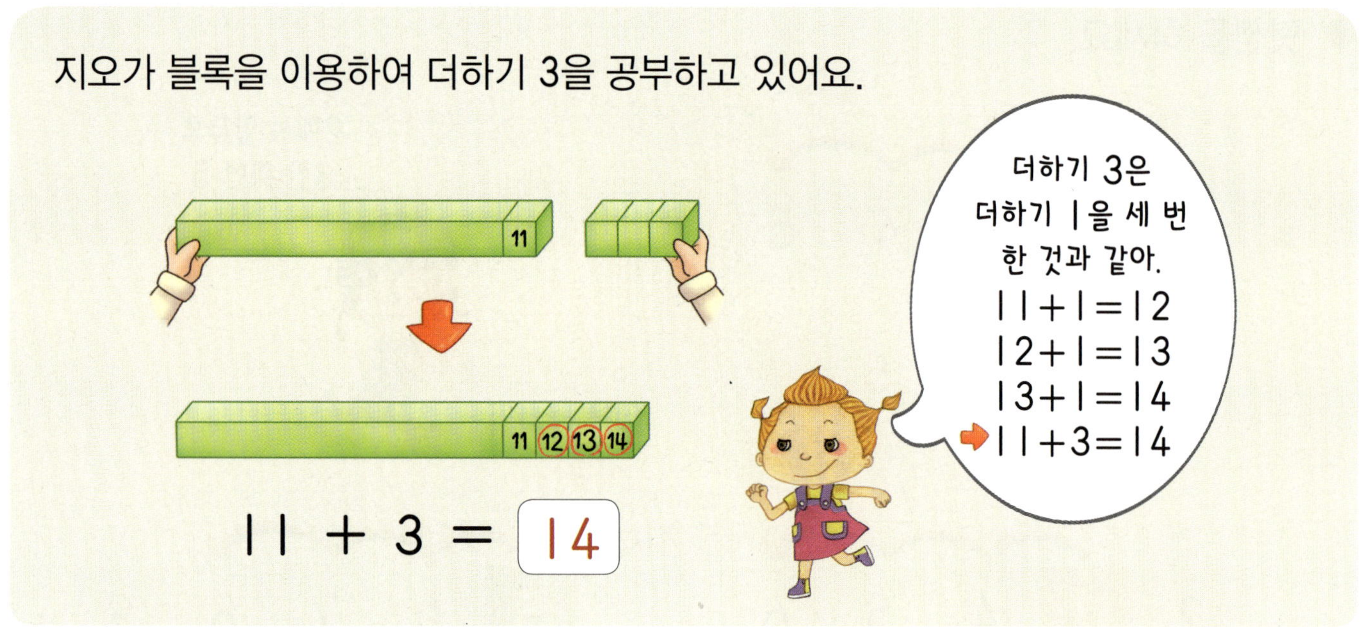


🌱 ◻ 안에 알맞은 수를 쓰세요.

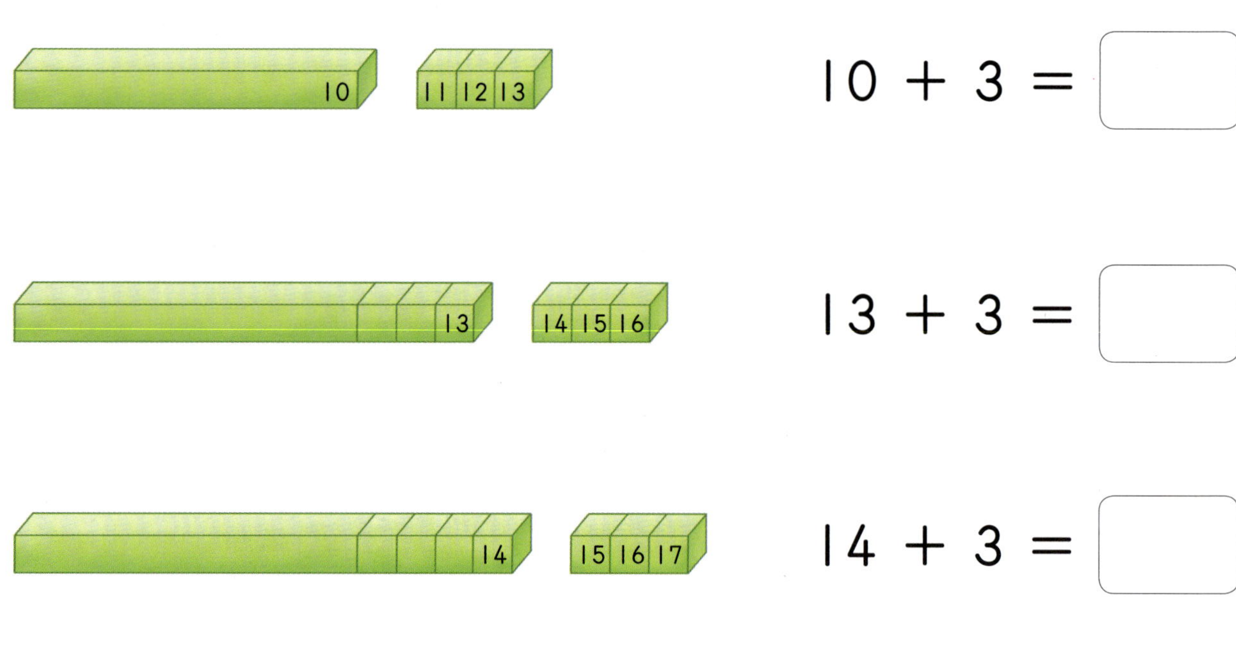


$$10 + 3 = \boxed{\phantom{0}}$$

$$13 + 3 = \boxed{\phantom{0}}$$

$$14 + 3 = \boxed{\phantom{0}}$$

$$16 + 3 = \boxed{\phantom{0}}$$

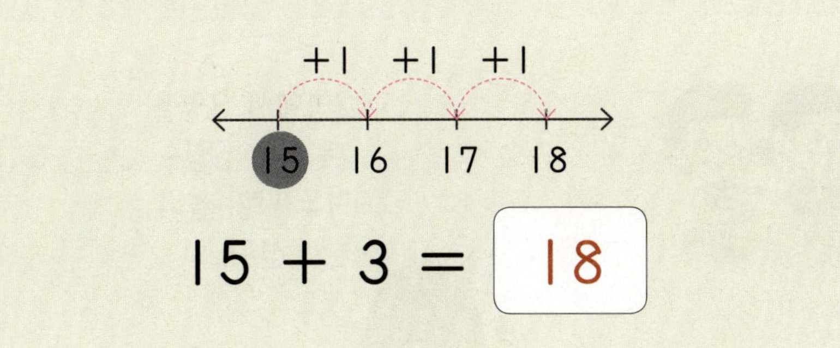

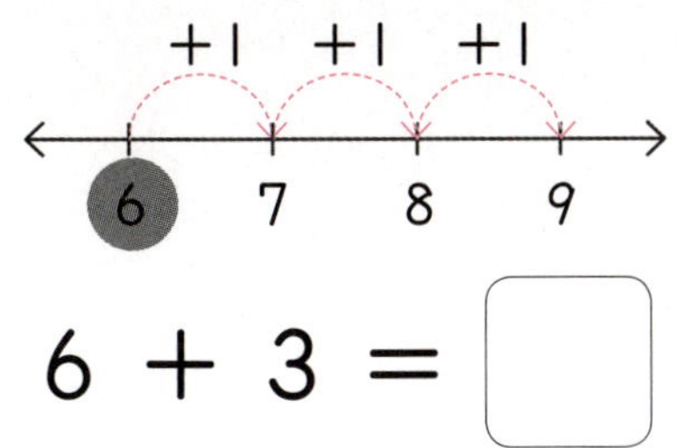


6 + 3 = ⬜

+1  +1  +1
2  3  4  5

2 + 3 = ⬜

8 + 3 = ⬜

17 + 3 = ⬜

10 + 3 = ⬜

16 + 3 = ⬜

15 + 3 = ⬜

12 + 3 = ⬜

🌳 친구들을 세어 보고 덧셈을 하세요.

5 + 3 = ☐

1 + 3 = ☐

6 + 3 = ☐

7 + 3 = ☐

$$2 + 3 = 5$$

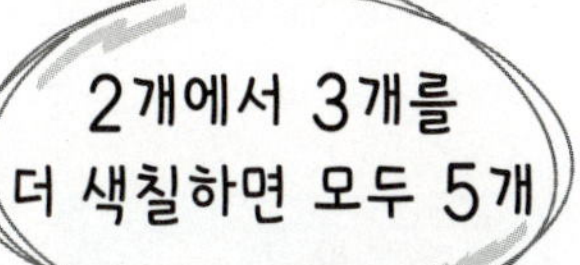

$$5 + 3 = \boxed{\phantom{0}}$$

$$3 + 3 = \boxed{\phantom{0}}$$

$$6 + 3 = \boxed{\phantom{0}}$$

$$7 + 3 = \boxed{\phantom{0}}$$

$$1 + 3 = \boxed{\phantom{0}}$$

$$4 + 3 = \boxed{\phantom{0}}$$

$$10 + 3 = \boxed{13}$$

🌳 붙임 딱지 ■를 3장 붙이고 덧셈을 하세요. ➡ 책 앞에 있는 붙임 딱지를 사용하세요.

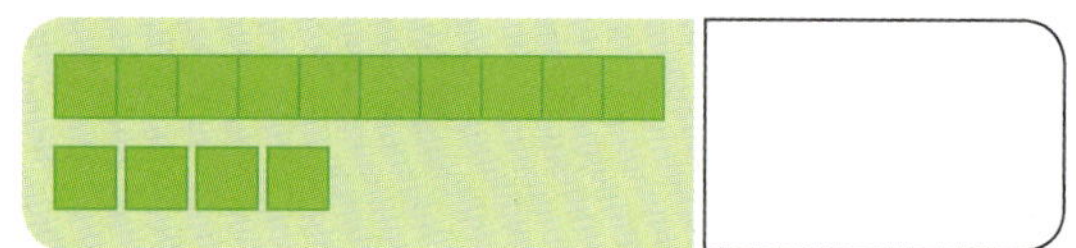

$$14 + 3 = \boxed{\phantom{00}}$$

$$11 + 3 = \boxed{\phantom{00}}$$

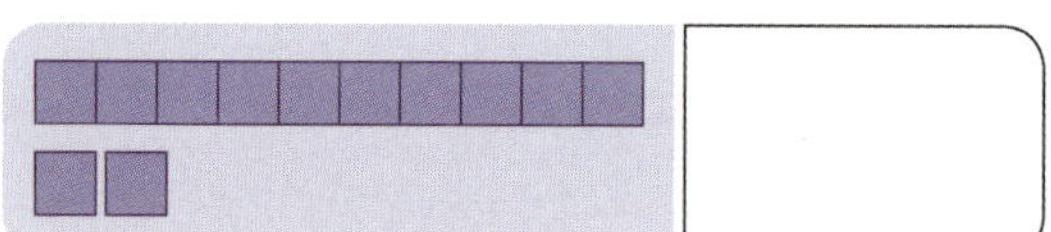

$$12 + 3 = \boxed{\phantom{00}}$$

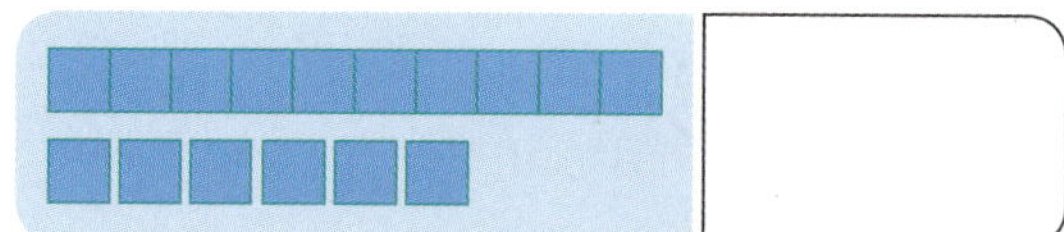

$$16 + 3 = \boxed{\phantom{00}}$$

$$13 + 3 = \boxed{\phantom{00}}$$

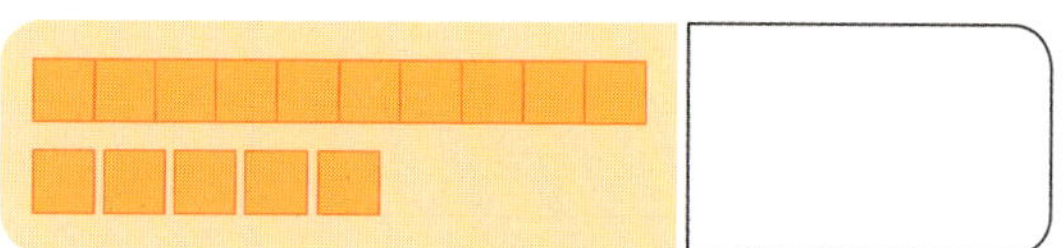

$$15 + 3 = \boxed{\phantom{00}}$$

$11 + 3 = \boxed{14}$

$13 + 3 = \boxed{\phantom{00}}$   $8 + 3 = \boxed{\phantom{00}}$

$10 + 3 = \boxed{\phantom{00}}$   $16 + 3 = \boxed{\phantom{00}}$

$17 + 3 = \boxed{\phantom{00}}$   $12 + 3 = \boxed{\phantom{00}}$

$15 + 3 = \boxed{\phantom{00}}$   $14 + 3 = \boxed{\phantom{00}}$

# 바꾸어 더하기

태경이는 2가지 색깔의 상자를 서로 다른 방법으로 놓았어요.

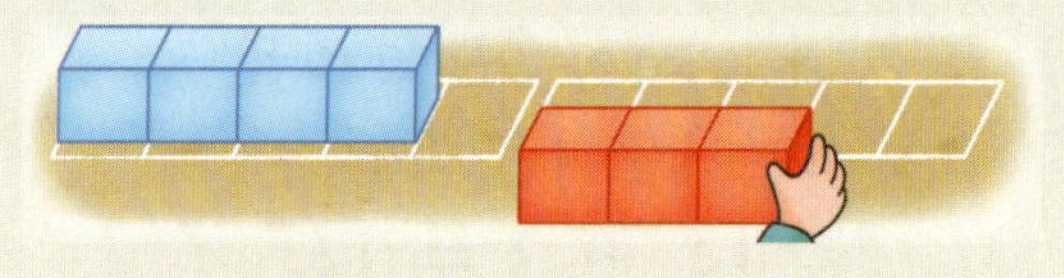

$4 + 3 = 7$

$3 + 4 = 7$

🌳 덧셈을 하세요.

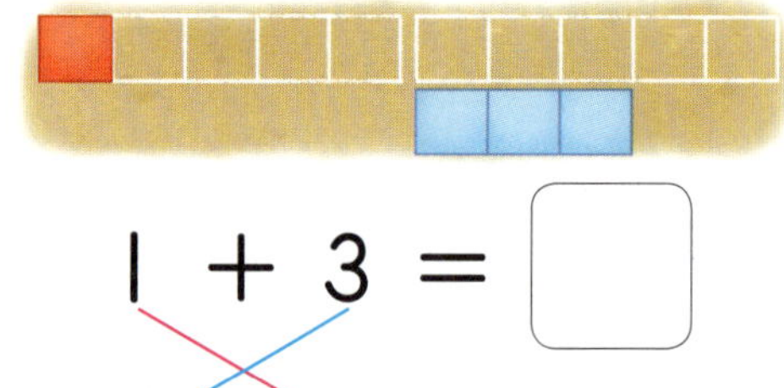

$1 + 3 = $

$3 + 1 = $

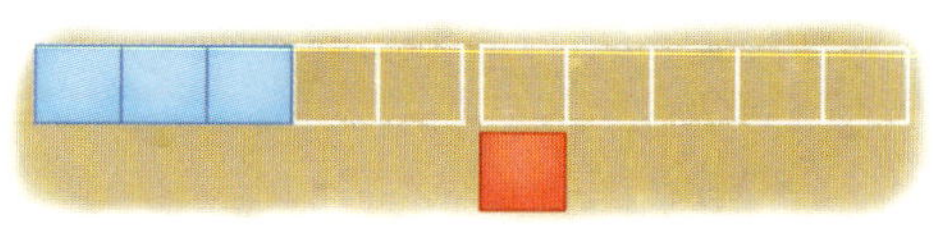

$6 + 3 = $

$3 + 6 = $

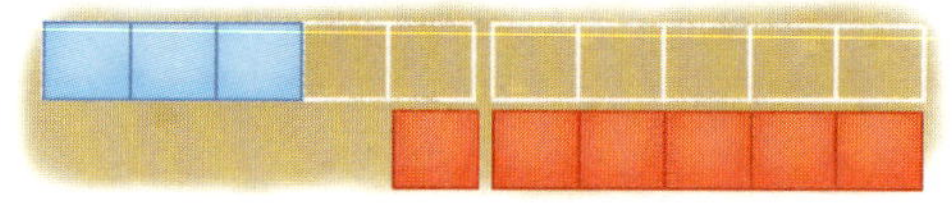

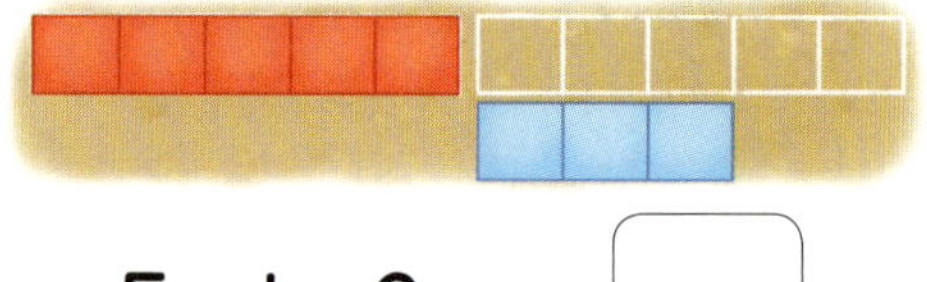

$5 + 3 = $

$3 + 5 = $

$7 + 3 = $

$3 + 7 = $

$$5 + 3 = \boxed{8}$$
$$3 + 5 = \boxed{8}$$

$$2 + 3 = \square$$
$$3 + 2 = \square$$

$$6 + 3 = \square$$
$$3 + 6 = \square$$

$$4 + 3 = \square$$
$$3 + 4 = \square$$

$$1 + 3 = \square$$
$$3 + 1 = \square$$

$$5 + 3 = \square$$
$$3 + 5 = \square$$

$$7 + 3 = \square$$
$$3 + 7 = \square$$

2가지 방법으로 덧셈을 계산하려고 해요.

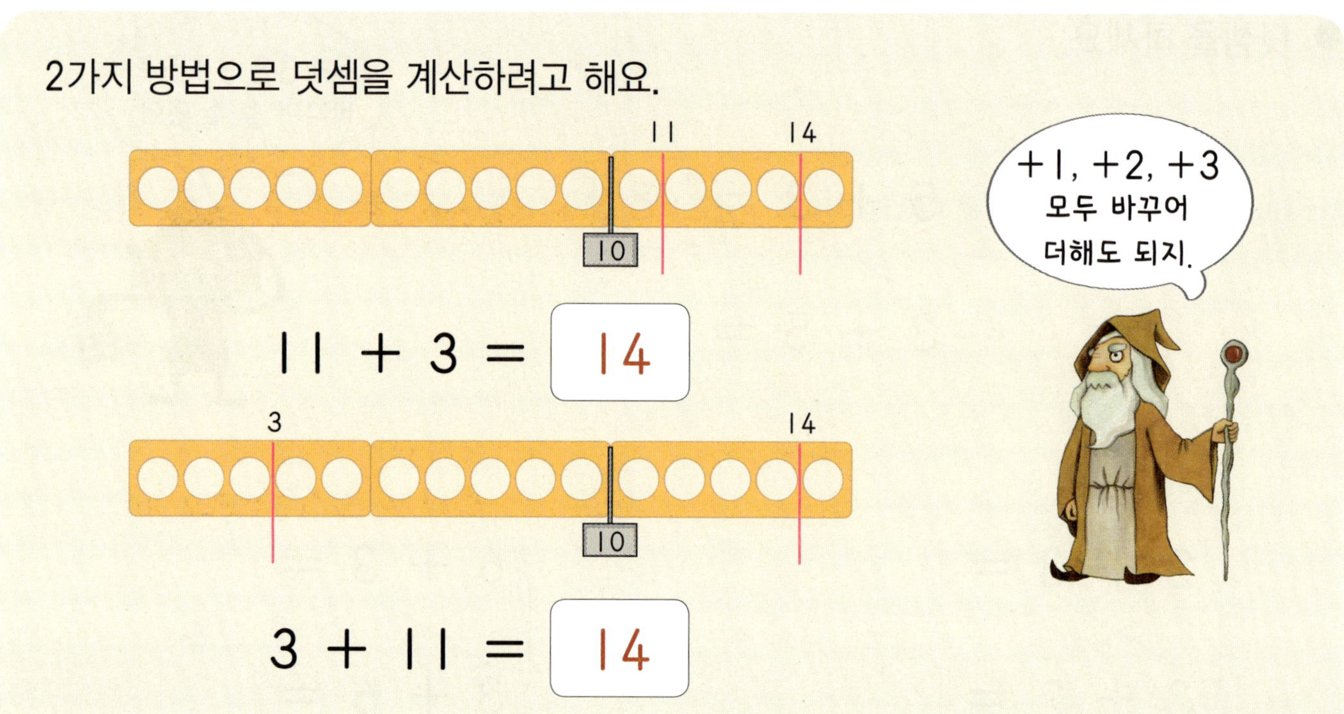


🌳 덧셈을 하세요.

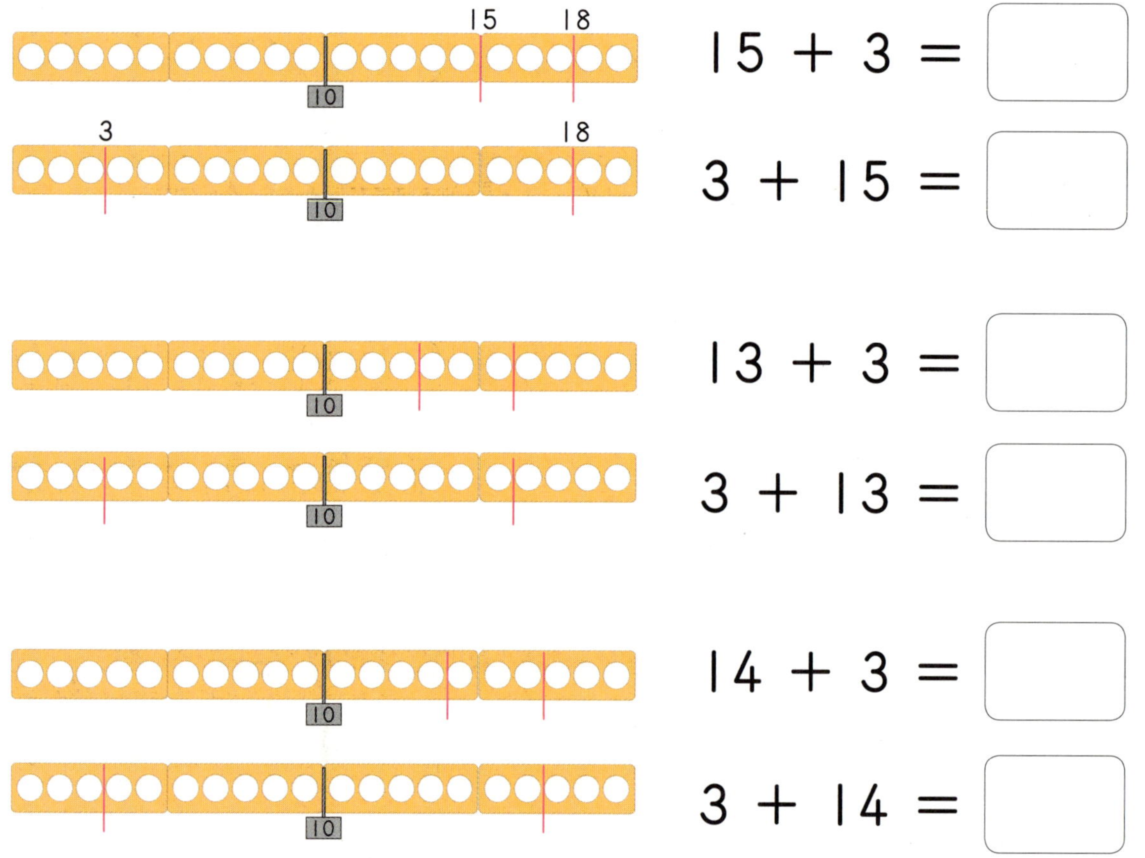


$15 + 3 =$ 

$3 + 15 =$ 

$13 + 3 =$ 

$3 + 13 =$ 

$14 + 3 =$ 

$3 + 14 =$ 

덧셈을 하세요.

$$3 + 10 = \boxed{13}$$
$$10 + 3 = \boxed{13}$$

$$3 + 5 = \boxed{\phantom{0}}$$
$$5 + 3 = \boxed{\phantom{0}}$$

$$3 + 8 = \boxed{\phantom{0}}$$
$$8 + 3 = \boxed{\phantom{0}}$$

$$3 + 1 = \boxed{\phantom{0}}$$
$$1 + 3 = \boxed{\phantom{0}}$$

$$3 + 6 = \boxed{\phantom{0}}$$
$$6 + 3 = \boxed{\phantom{0}}$$

$$3 + 16 = \boxed{\phantom{0}}$$
$$16 + 3 = \boxed{\phantom{0}}$$

$$3 + 17 = \boxed{\phantom{0}}$$
$$17 + 3 = \boxed{\phantom{0}}$$

공부한 날
월
일

# 더하기 3, 3 더하기

색칠된 칸의 수가 되는 덧셈식이 있는 벌집을 찾으려고 해요.

$$10 + 3 = 13$$
$$3 + 10 = 13$$

🌳 색칠한 칸의 수가 되는 덧셈식을 모두 찾아 ◯표 하세요.

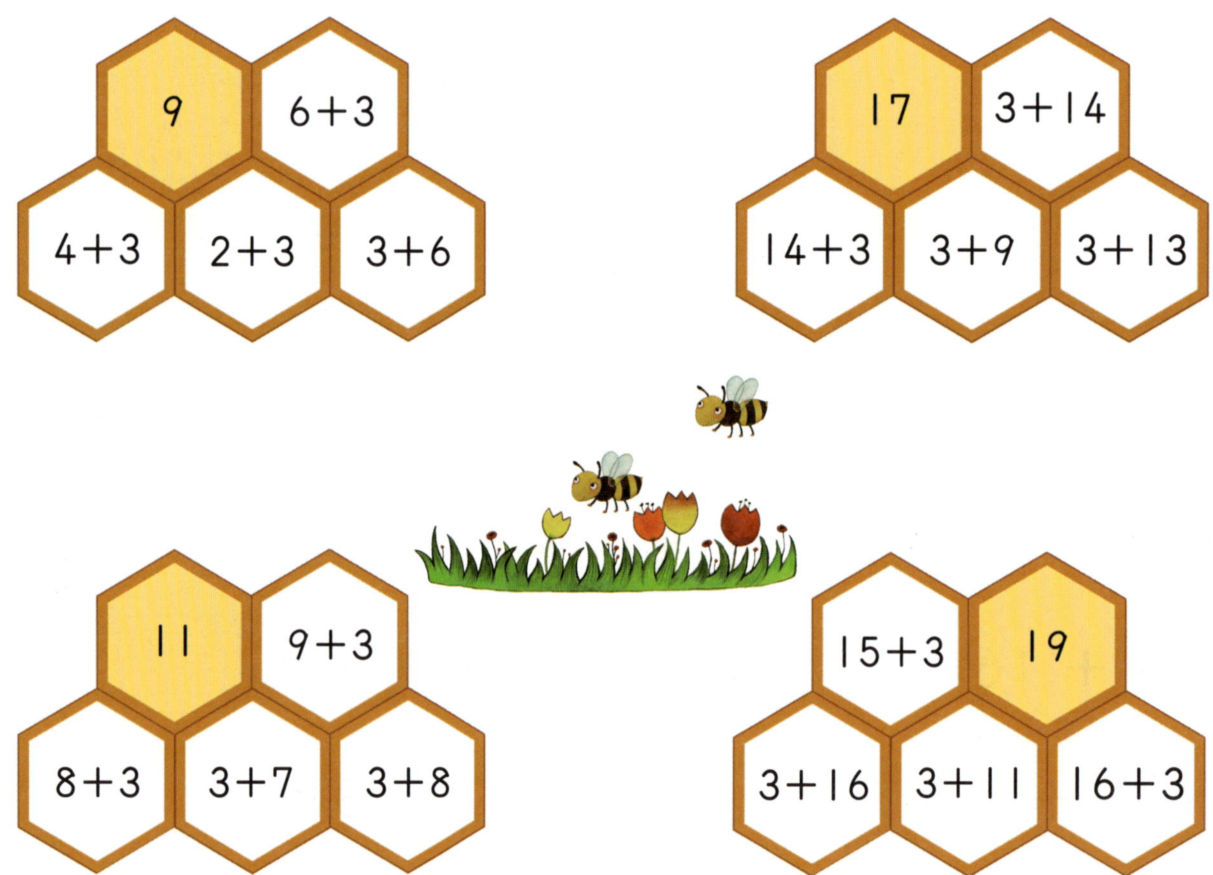

$3 + 13 = \boxed{16}$

$13 + 3 = \boxed{16}$

$1 + 3 = \boxed{\phantom{0}}$

$3 + 1 = \boxed{\phantom{0}}$

$3 + 7 = \boxed{\phantom{0}}$

$7 + 3 = \boxed{\phantom{0}}$

$3 + 4 = \boxed{\phantom{0}}$

$4 + 3 = \boxed{\phantom{0}}$

$11 + 3 = \boxed{\phantom{0}}$

$3 + 11 = \boxed{\phantom{0}}$

$3 + 9 = \boxed{\phantom{0}}$

$9 + 3 = \boxed{\phantom{0}}$

$15 + 3 = \boxed{\phantom{0}}$

$3 + 15 = \boxed{\phantom{0}}$

태경이는 T 모양 퍼즐을 풀고 있어요.

## 빈칸에 알맞은 수를 쓰세요.

5 + 3 = □
3 + 5 = □

8 + 3 = □
3 + 8 = □

15 + 3 = □
3 + 15 = □

12 + 3 = □
3 + 12 = □

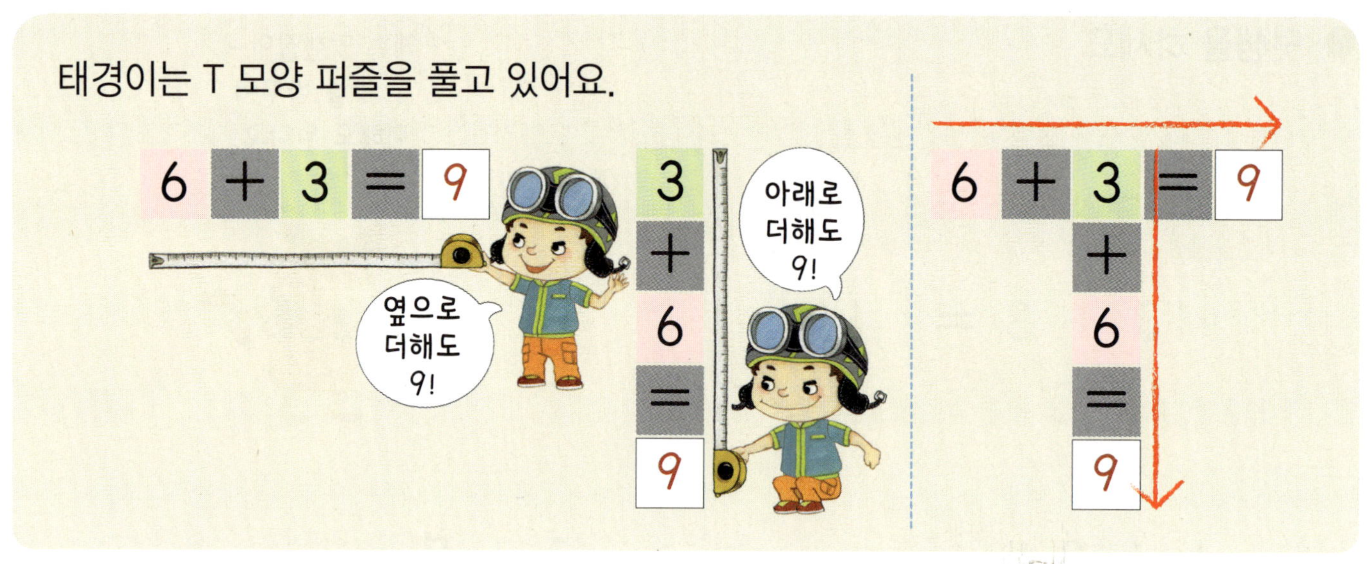

$$3 + 11 = \boxed{14}$$
$$11 + 3 = \boxed{14}$$

$$2 + 3 = \boxed{\phantom{0}}$$

$$6 + 3 = \boxed{\phantom{0}}$$

$$3 + 7 = \boxed{\phantom{0}}$$

$$3 + 4 = \boxed{\phantom{0}}$$

$$16 + 3 = \boxed{\phantom{0}}$$

$$14 + 3 = \boxed{\phantom{0}}$$

$$3 + 9 = \boxed{\phantom{0}}$$

$$3 + 13 = \boxed{\phantom{0}}$$

# 50 □가 있는 더하기 3

🌳 ☐ 안에 알맞은 수를 쓰세요.

$$\boxed{\phantom{0}} + 3 = 9$$

$$\boxed{\phantom{0}} + 3 = 5$$

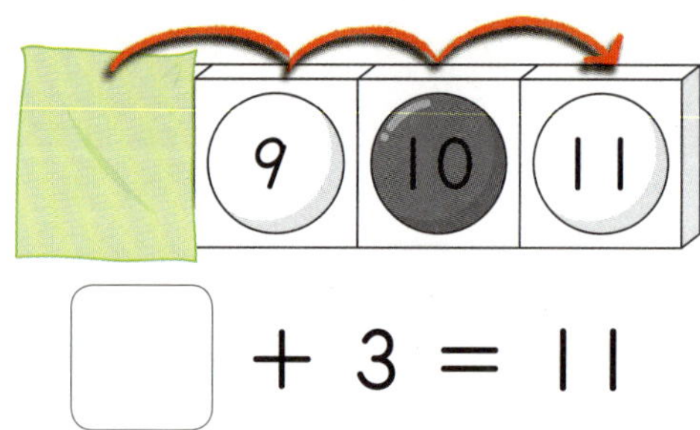


$$\boxed{\phantom{0}} + 3 = 11$$

$$\boxed{\phantom{0}} + 3 = 10$$

$$\boxed{\phantom{0}} + 3 = 17$$

$$\boxed{\phantom{0}} + 3 = 13$$

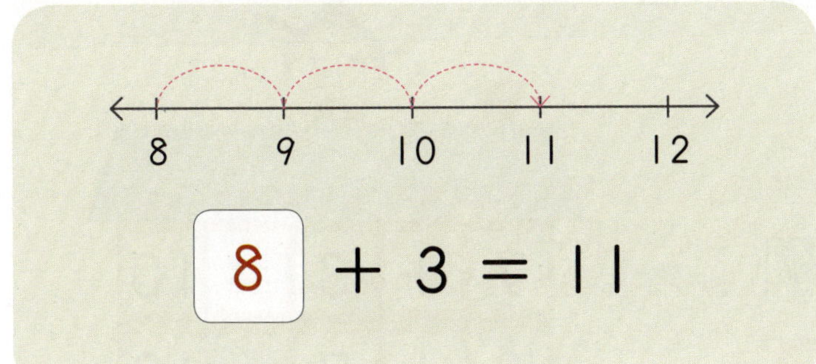

$$8 + 3 = 11$$

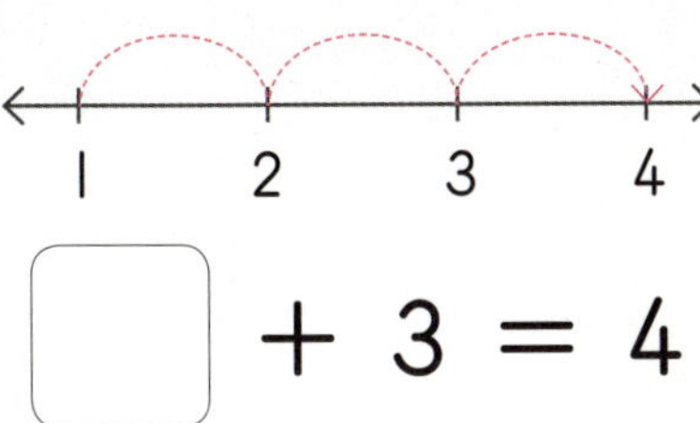

$$\boxed{\phantom{0}} + 3 = 4$$

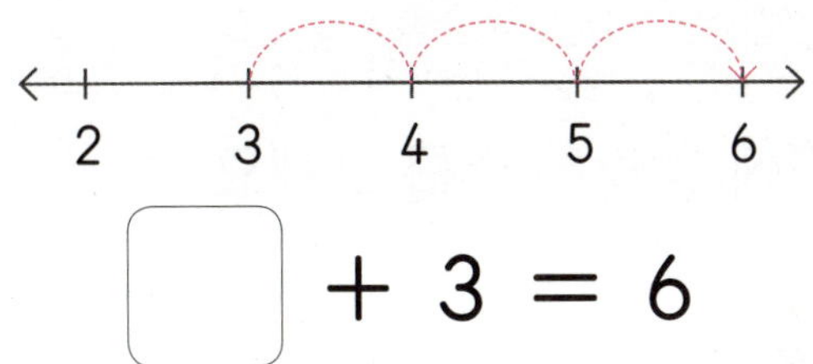

$$\boxed{\phantom{0}} + 3 = 6$$

$$\boxed{\phantom{0}} + 3 = 12$$

$$\boxed{\phantom{0}} + 3 = 9$$

$$\boxed{\phantom{0}} + 3 = 15$$

$$\boxed{\phantom{0}} + 3 = 16$$

$$\boxed{\phantom{0}} + 3 = 20$$

$$\boxed{\phantom{0}} + 3 = 14$$

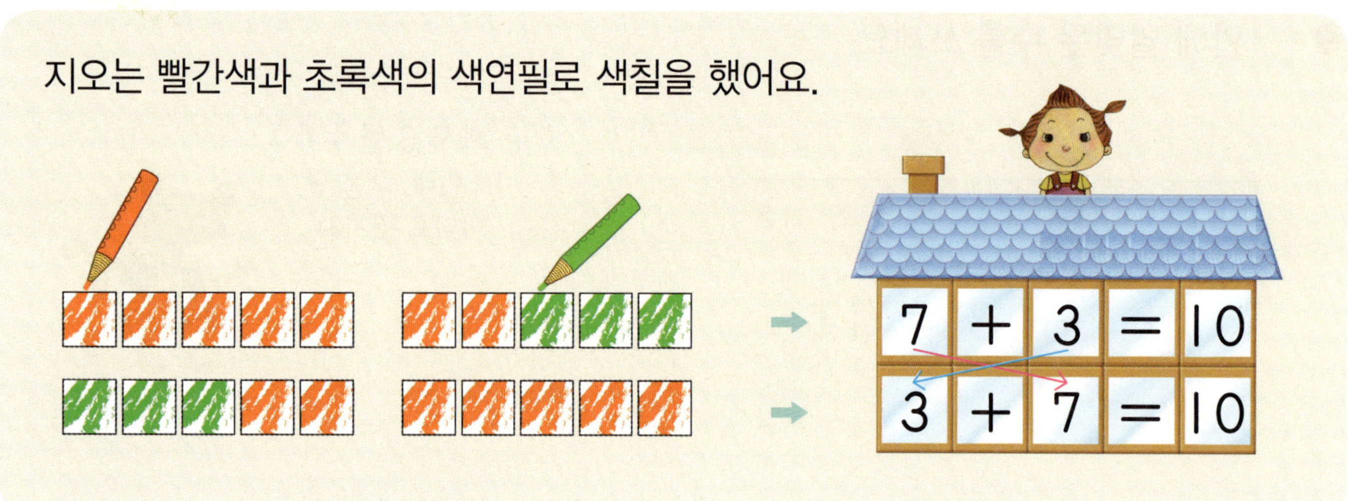


🌳 빈 곳에 알맞은 수를 쓰세요.

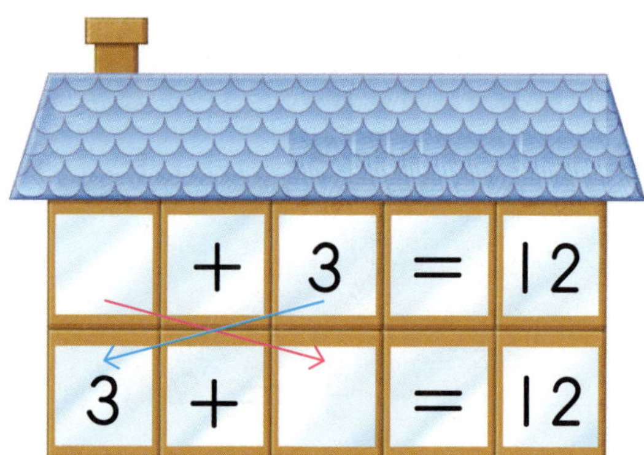


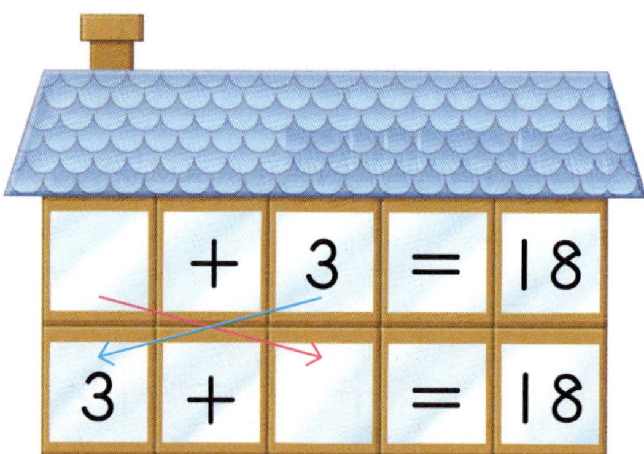


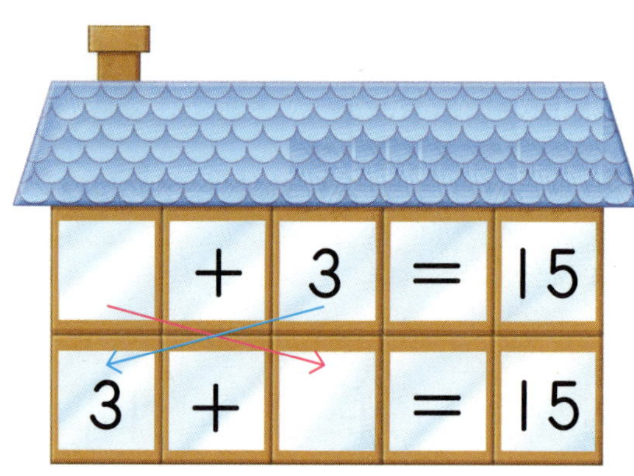

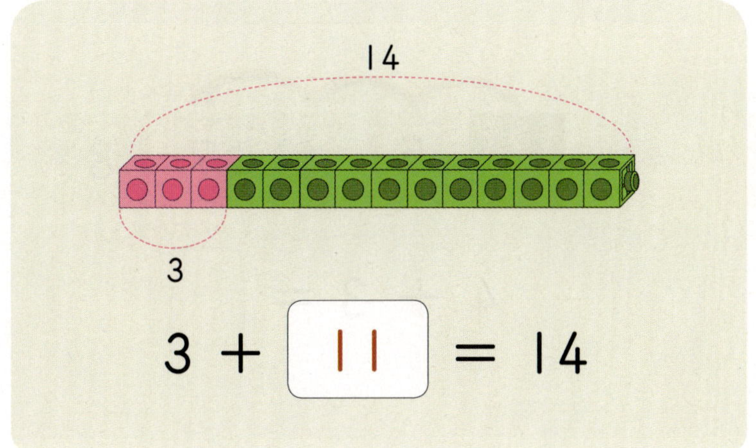

☐ + 3 = 7          ☐ + 3 = 5

3 + ☐ = 12          3 + ☐ = 8

☐ + 3 = 16          ☐ + 3 = 19

3 + ☐ = 13          3 + ☐ = 15

# 무엇을 배웠을까요

🌲 ☐ 안에 알맞은 수를 쓰세요.

$3 + 3 = \boxed{\phantom{0}}$

$4 + 3 = \boxed{\phantom{0}}$

🌲 ☐ 안에 알맞은 수를 쓰세요.

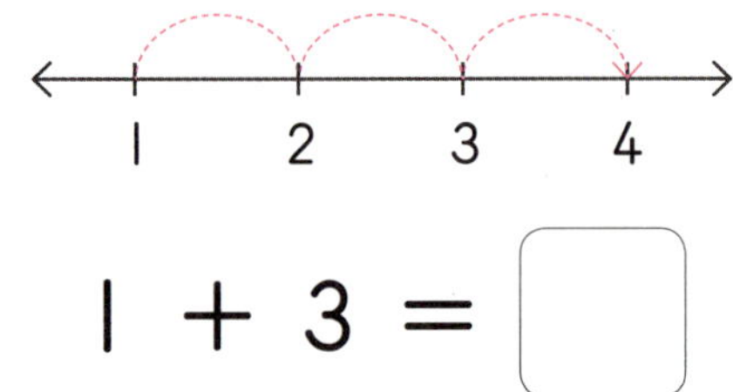


$1 + 3 = \boxed{\phantom{0}}$



$7 + 3 = \boxed{\phantom{0}}$

🌲 3개를 더 색칠하고 덧셈을 하세요.

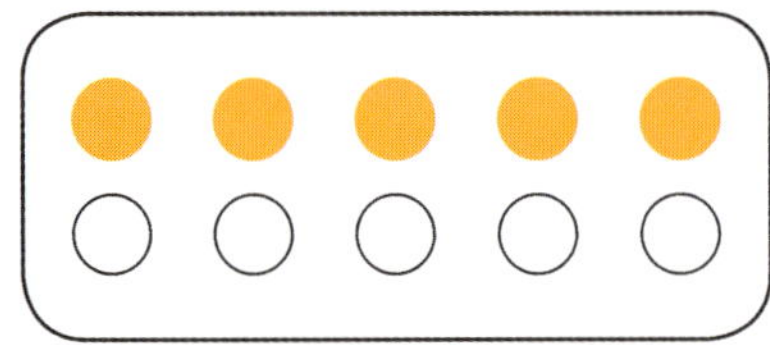

$5 + 3 = \boxed{\phantom{0}}$

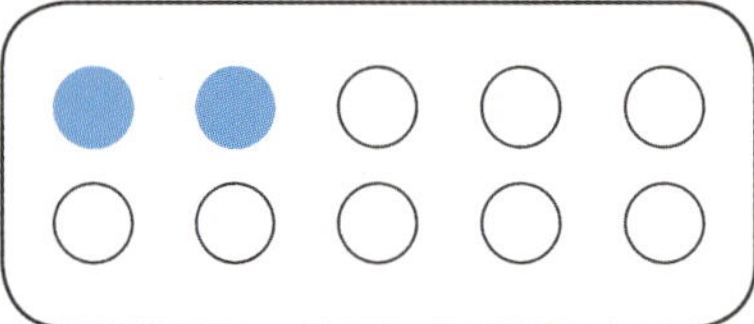

$2 + 3 = \boxed{\phantom{0}}$

🌲 덧셈을 하세요.

$$3 + 6 = \boxed{\phantom{0}}$$
$$6 + 3 = \boxed{\phantom{0}}$$

$$3 + 12 = \boxed{\phantom{0}}$$
$$12 + 3 = \boxed{\phantom{0}}$$

🌲 빈칸에 알맞은 수를 쓰세요.

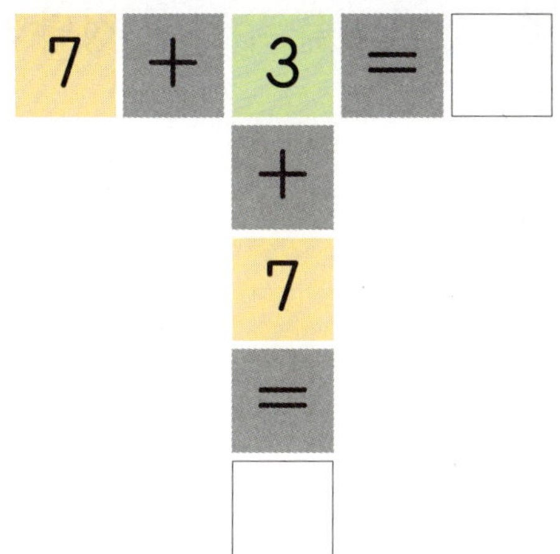

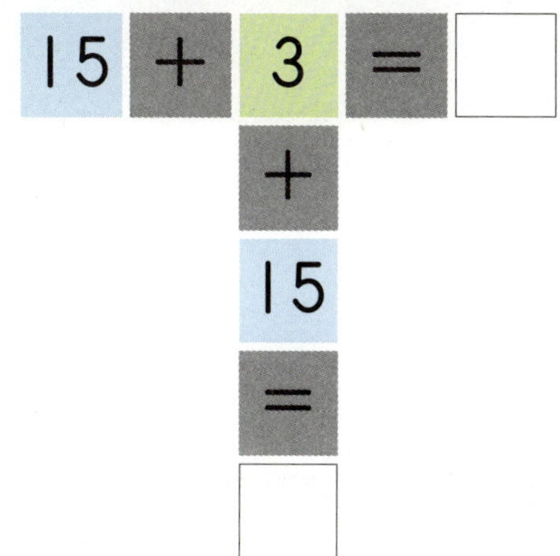



🌲 ☐ 안에 알맞은 수를 쓰세요.

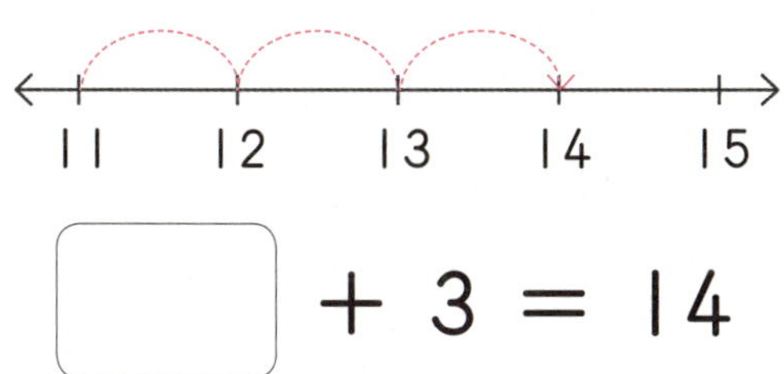

$$\boxed{\phantom{0}} + 3 = 14$$

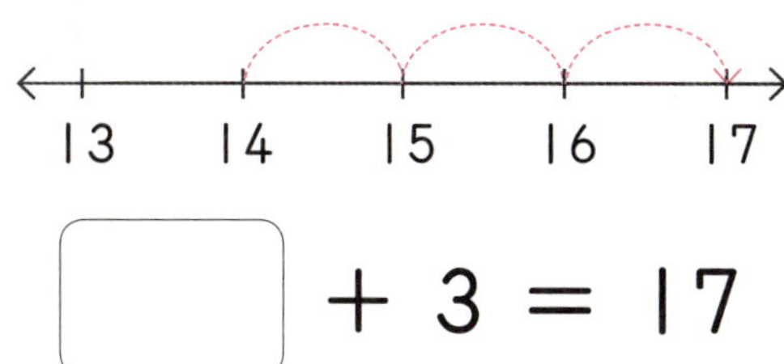

$$\boxed{\phantom{0}} + 3 = 17$$

# 연산력 게임



QR코드를 찍으면 다양한 연산 게임을 할 수 있어요.

## 풍선 게임

풍선의 수 2개를 더하여 표지판의 수를 만들어 보세요.

알맞은 풍선 2개를 찾아 손가락으로 누르세요.
3과 6을 누르면 정답입니다.

차에 써 있는 두 수를 더해 빈 곳에 들어갈 차를 찾아 보세요.

아래쪽에서 찾아 손가락으로 끌어서 빈 곳에 넣으세요.
19를 넣으면 정답입니다.

## 캠핑을 떠나요

# 20까지의 빼기 2

▶ 연산 보충 학습(102~103쪽)에서 더 풀어 보세요.


## 학부모 지도 가이드

이번 차시에서는 빼기 2에 대해서 알아봅니다.

다양한 방법으로 반복된 학습을 통해 직관적으로 빼기 2에 대해 이해할 수 있도록 도와 주세요. 빼기 1을 어렵지 않게 학습한 아이라면 빼기 2 역시 크게 다르지 않아 쉽게 학습할 수 있습니다.

# 빼기 2는 거꾸로 2 뛴 수

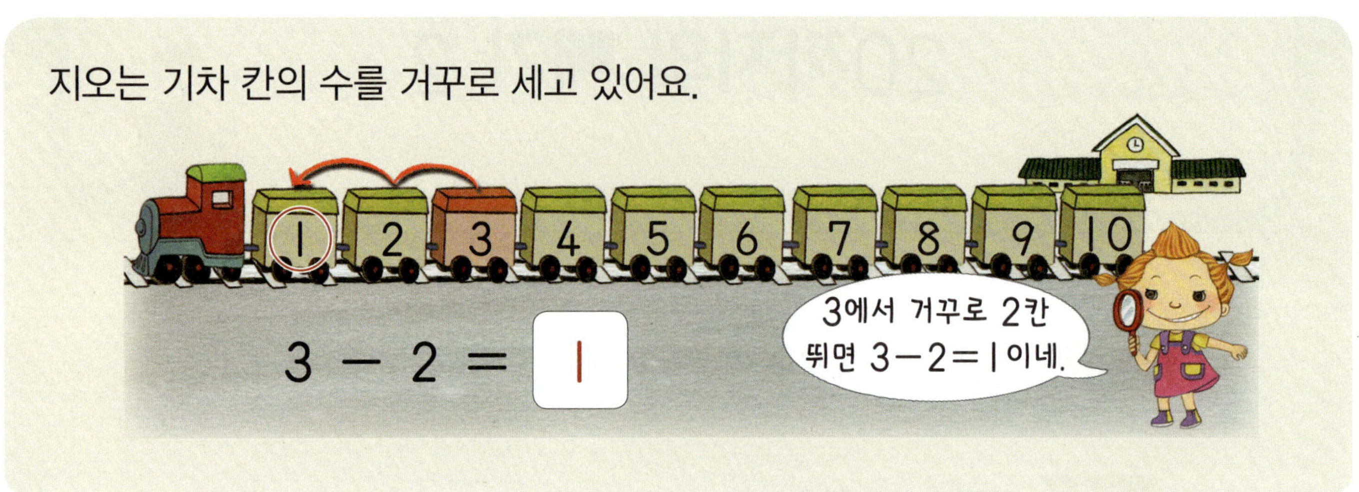


🌳 색칠된 칸에서 거꾸로 2칸 뛴 수에 ◯표 하고 뺄셈을 하세요.

$$5 - 2 = \boxed{\phantom{0}}$$

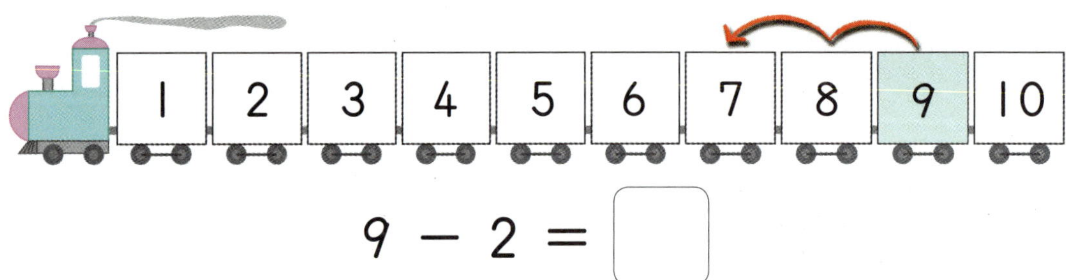


$$9 - 2 = \boxed{\phantom{0}}$$



$$6 - 2 = \boxed{\phantom{0}}$$

| 3 | 4 | 5 | 6 | 7 |

$$7 - 2 = \boxed{5}$$

| 1 | 2 | 3 | 4 | 5 |

$$4 - 2 = \boxed{\phantom{0}}$$

| 4 | 5 | 6 | 7 | 8 |

$$8 - 2 = \boxed{\phantom{0}}$$

| 3 | 4 | 5 | 6 | 7 |

$$6 - 2 = \boxed{\phantom{0}}$$

| 2 | 3 | 4 | 5 | 6 |

$$5 - 2 = \boxed{\phantom{0}}$$

| 6 | 7 | 8 | 9 | 10 |

$$10 - 2 = \boxed{\phantom{0}}$$

| 5 | 6 | 7 | 8 | 9 |

$$7 - 2 = \boxed{\phantom{0}}$$

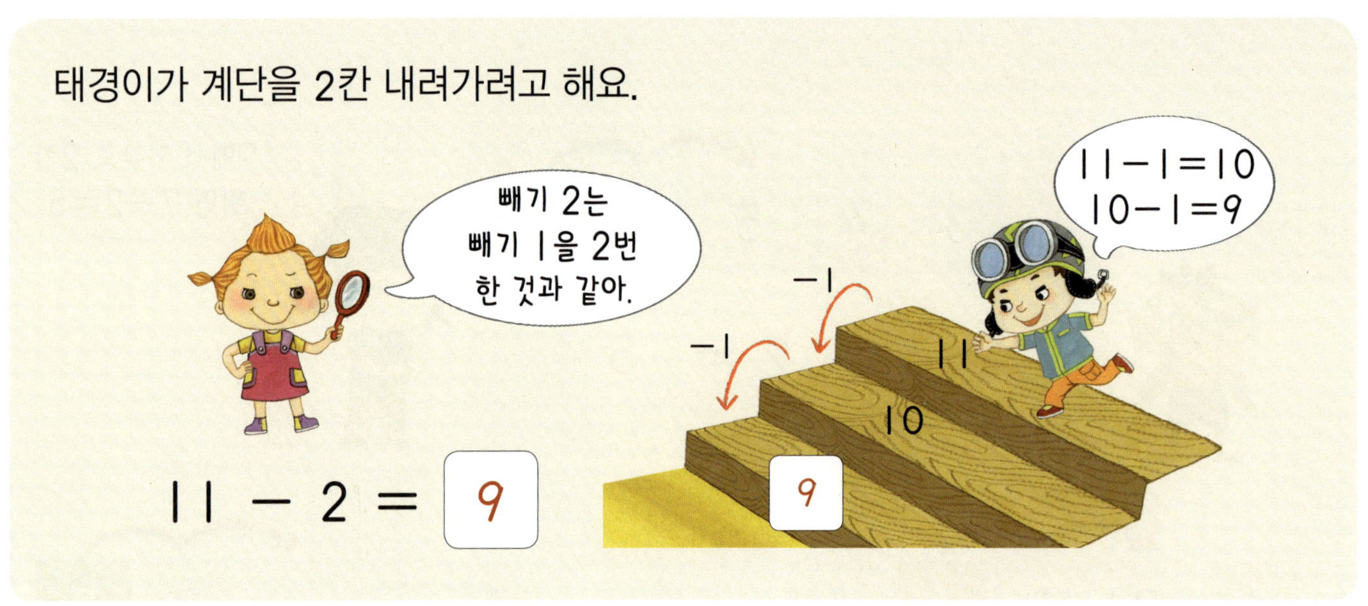


🌳 ☐ 안에 알맞은 수를 쓰고 뺄셈을 하세요.

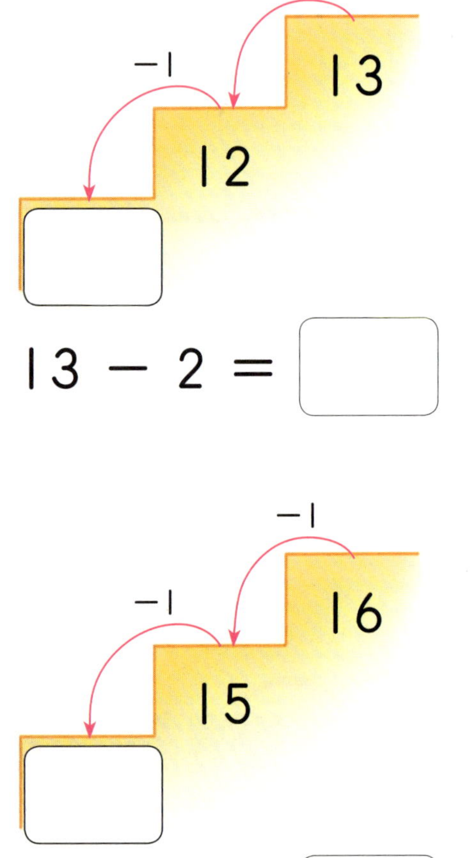


13 − 2 = ☐

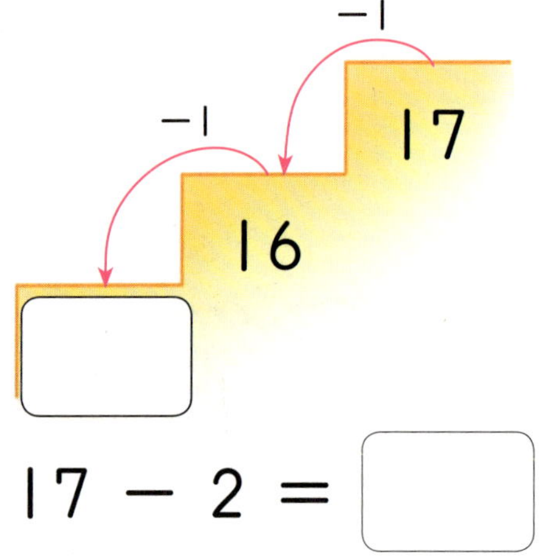


17 − 2 = ☐

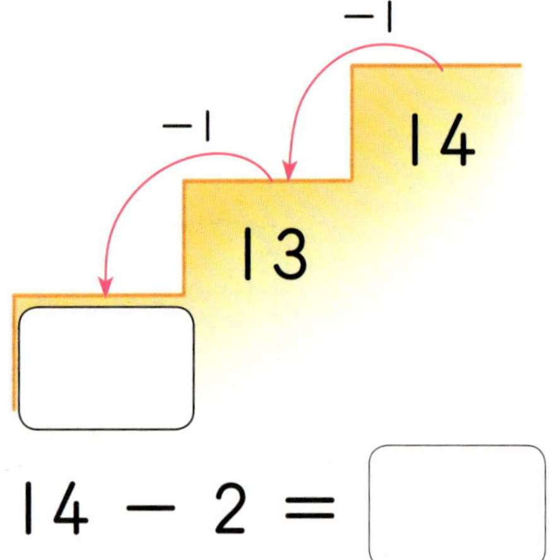


16 − 2 = ☐



14 − 2 = ☐

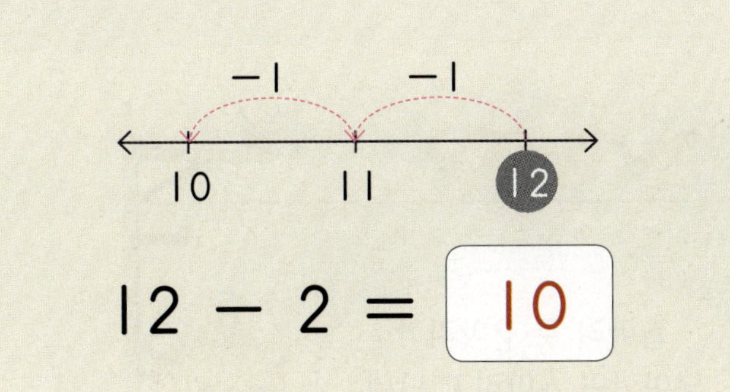

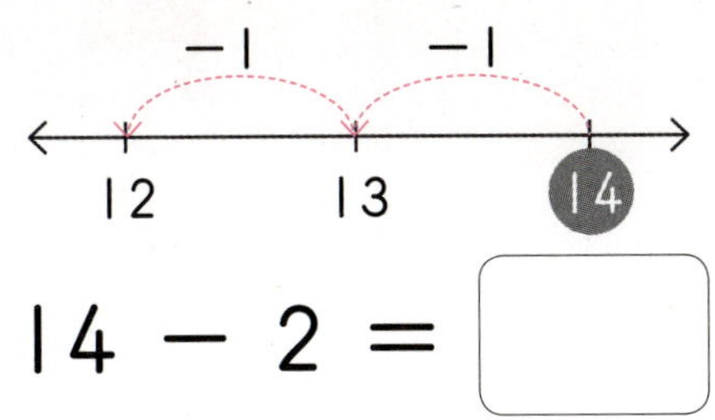


$14 - 2 = \boxed{\phantom{0}}$

$15 - 2 = \boxed{\phantom{0}}$

$16 - 2 = \boxed{\phantom{0}}$

$13 - 2 = \boxed{\phantom{0}}$

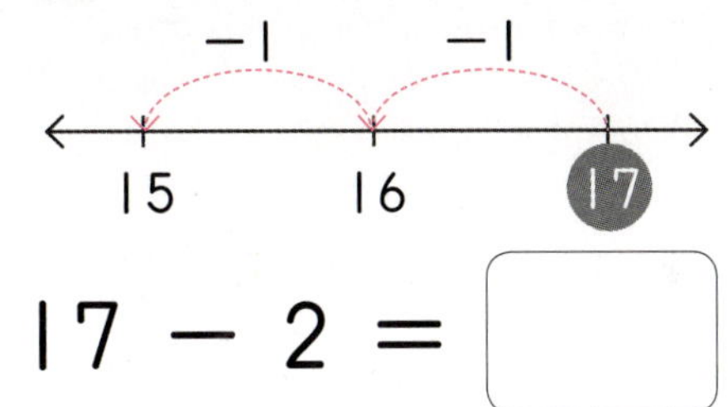


$17 - 2 = \boxed{\phantom{0}}$

$11 - 2 = \boxed{\phantom{0}}$

$18 - 2 = \boxed{\phantom{0}}$

$19 - 2 = \boxed{\phantom{0}}$

# 빼기 2는 2 작은 수

🌳 그림을 보고 뺄셈을 하세요.

$$5 - 2 = \boxed{\phantom{0}}$$

$$4 - 2 = \boxed{\phantom{0}}$$

$$10 - 2 = \boxed{\phantom{0}}$$

7 − 2 = 5

4 − 2 = ☐

6 − 2 = ☐

5 − 2 = ☐

9 − 2 = ☐

8 − 2 = ☐

$$10 - 2 = \boxed{8}$$

🌳 그림을 보고 뺄셈을 하세요.

$$14 - 2 = \boxed{\phantom{0}}$$

$$15 - 2 = \boxed{\phantom{0}}$$

$$12 - 2 = \boxed{\phantom{0}}$$

$$17 - 2 = \boxed{\phantom{0}}$$

로 연결큐브 2개를 지우고 뺄셈을 하세요.

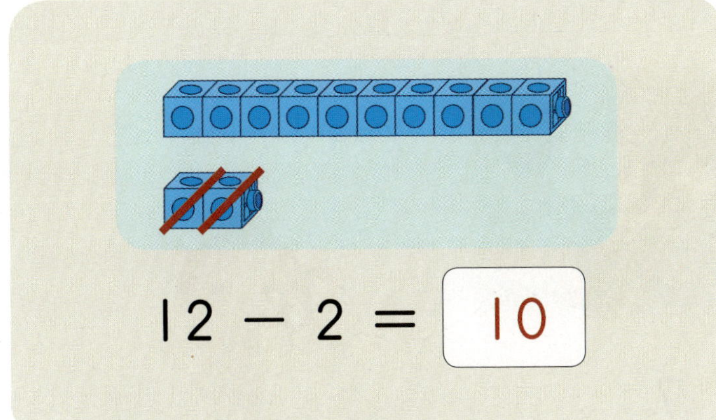

$12 - 2 = \boxed{10}$

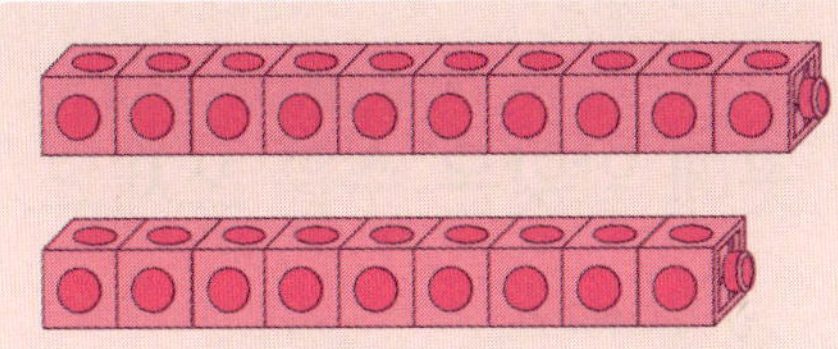

$17 - 2 = \boxed{\phantom{00}}$

$19 - 2 = \boxed{\phantom{00}}$

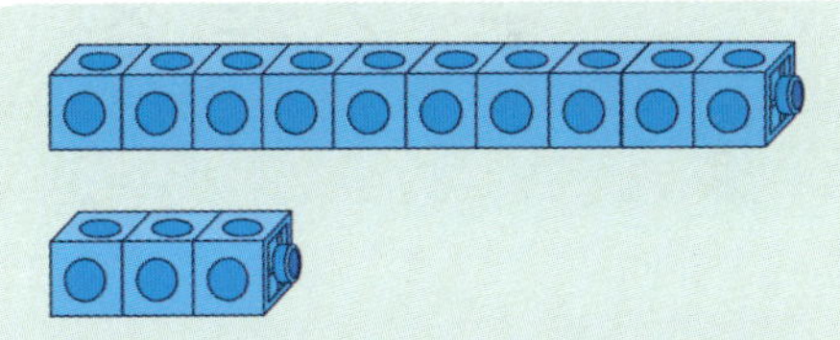

$16 - 2 = \boxed{\phantom{00}}$

$13 - 2 = \boxed{\phantom{00}}$

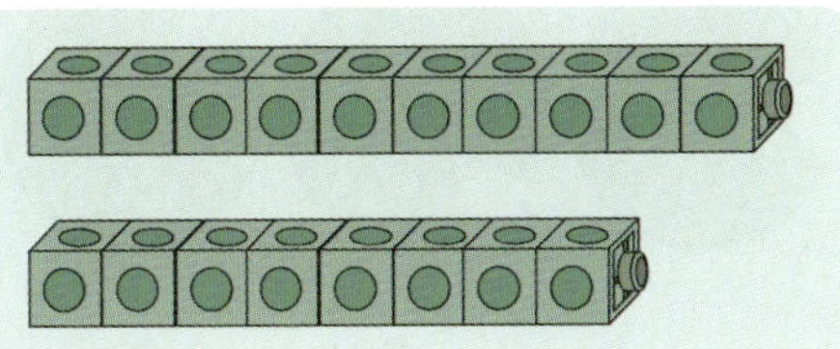

$20 - 2 = \boxed{\phantom{00}}$

$18 - 2 = \boxed{\phantom{00}}$

# □가 있는 빼기 2

🌳 빈 곳에 알맞은 수를 쓰세요.

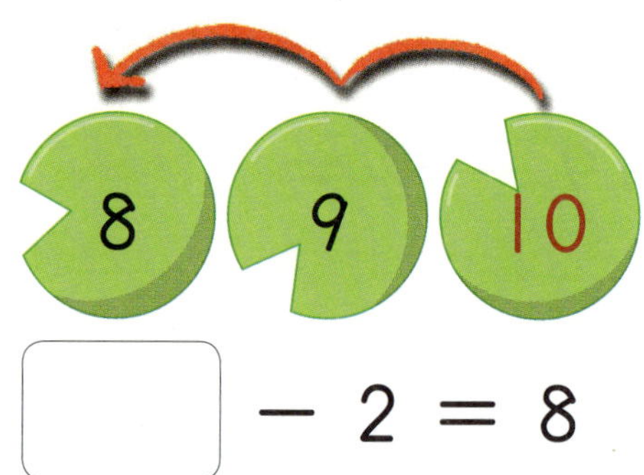


$\square$ − 2 = 8

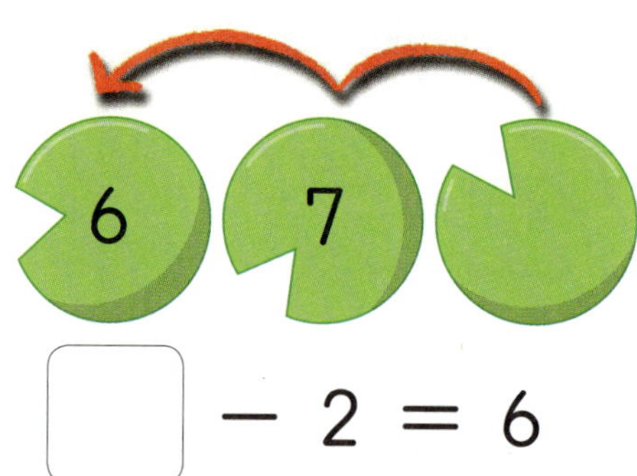


$\square$ − 2 = 6

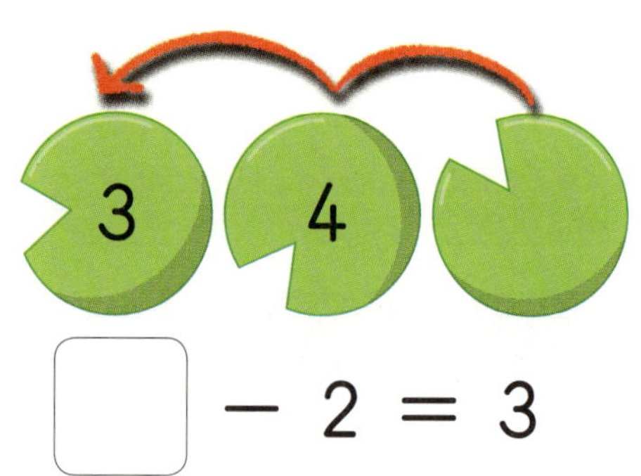


$\square$ − 2 = 3

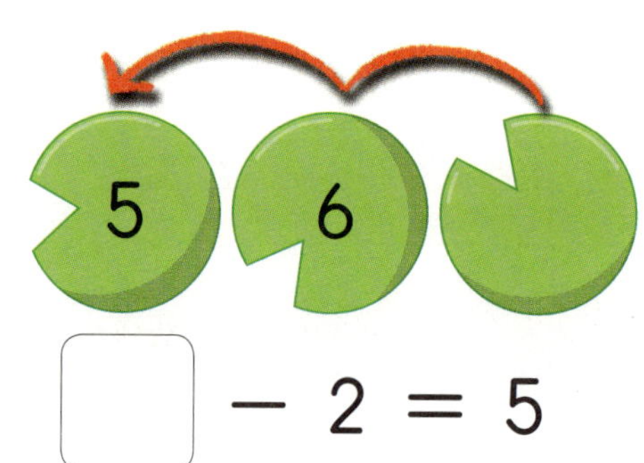


$\square$ − 2 = 5

● ☐ 안에 알맞은 수를 쓰세요.

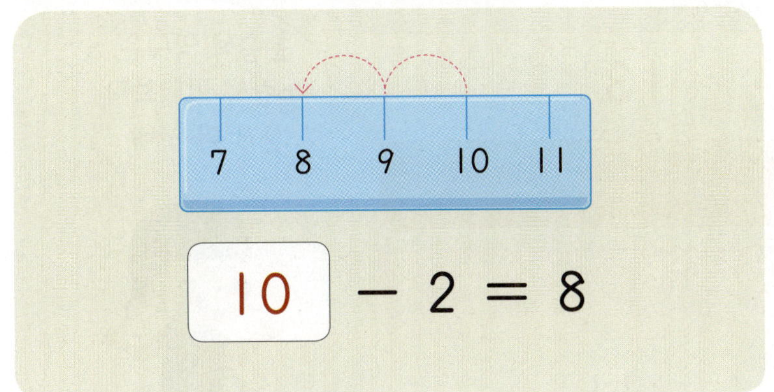

$$\boxed{10} - 2 = 8$$

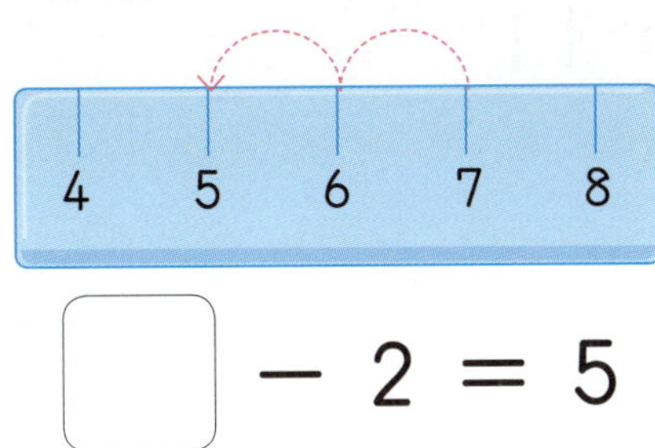

$$\boxed{\phantom{0}} - 2 = 5$$

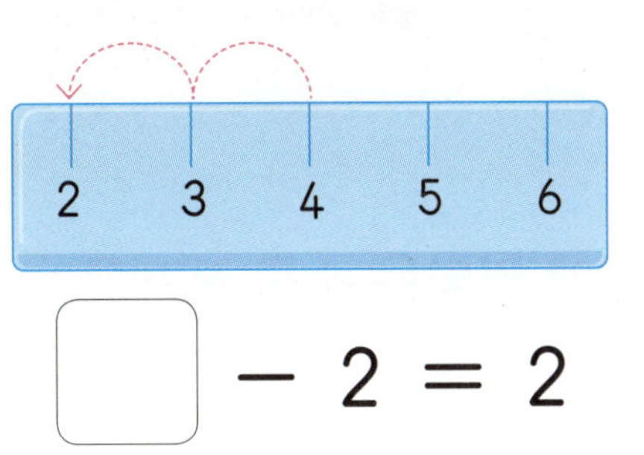

$$\boxed{\phantom{0}} - 2 = 2$$

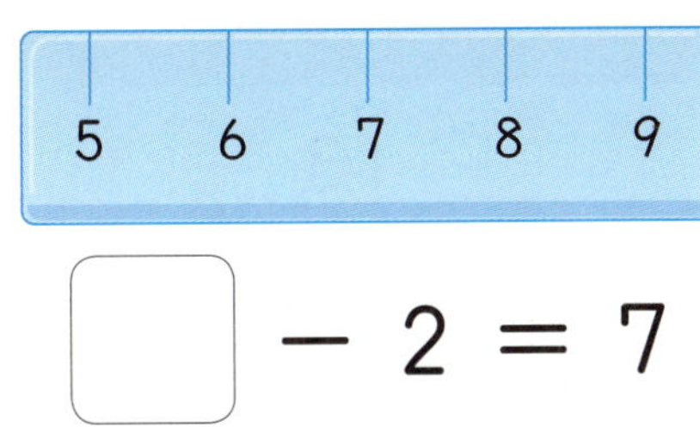

$$\boxed{\phantom{0}} - 2 = 7$$

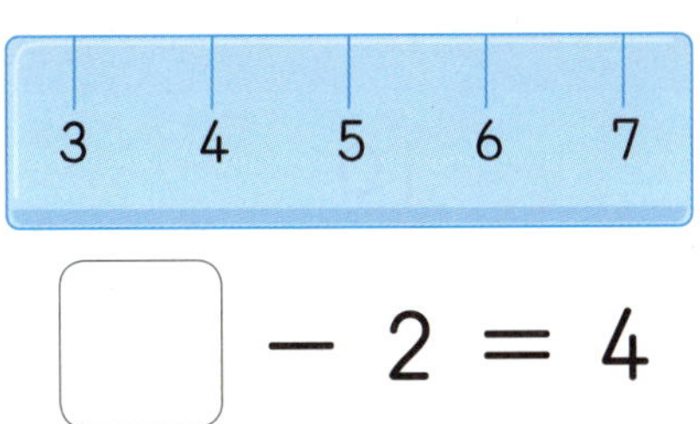

$$\boxed{\phantom{0}} - 2 = 4$$

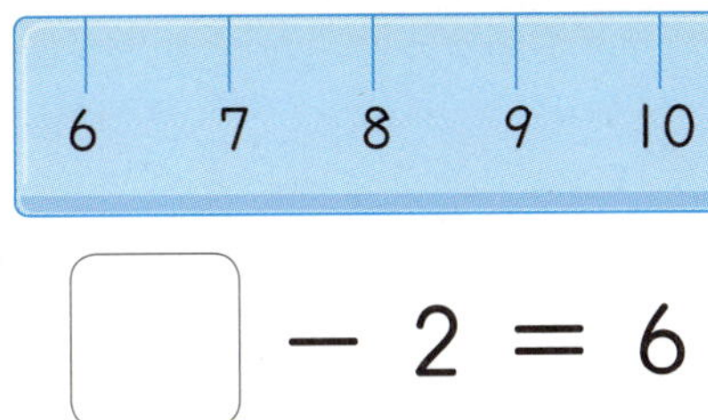

$$\boxed{\phantom{0}} - 2 = 6$$

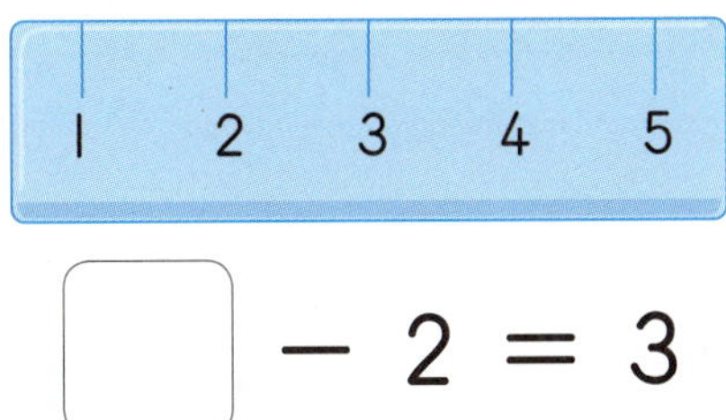

$$\boxed{\phantom{0}} - 2 = 3$$

태경이가 막대 조각의 수를 비교하고 있어요.

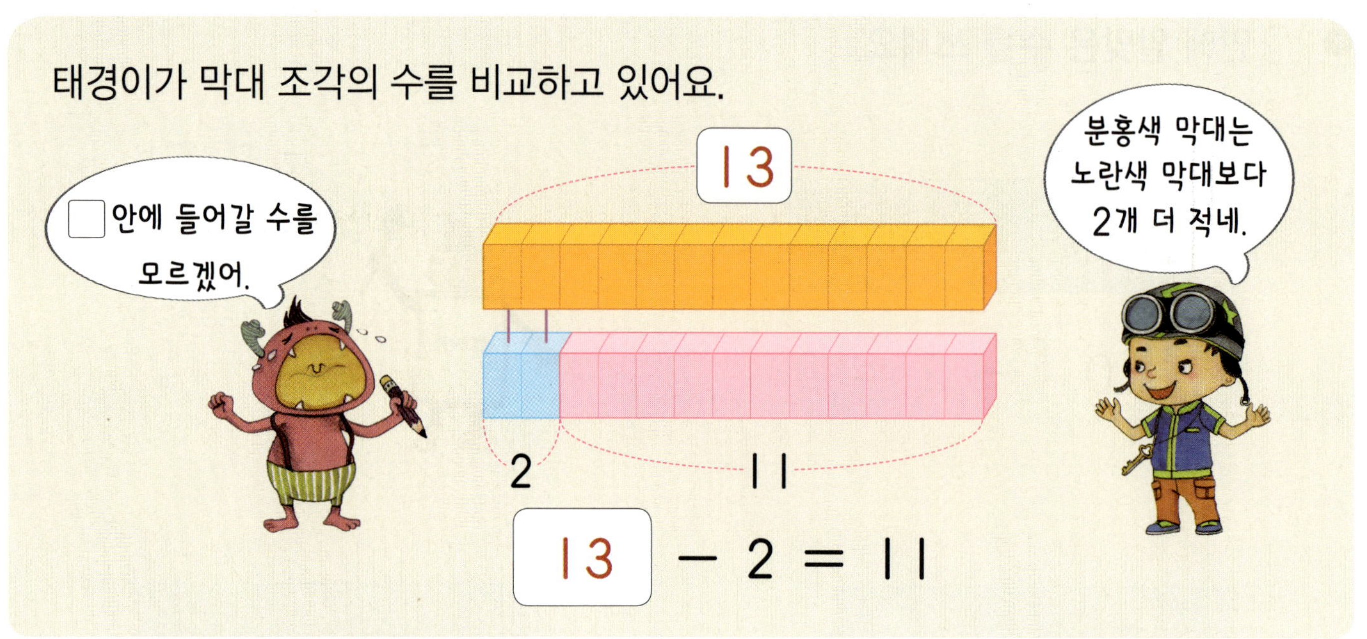


🌳 ☐ 안에 알맞은 수를 쓰세요.

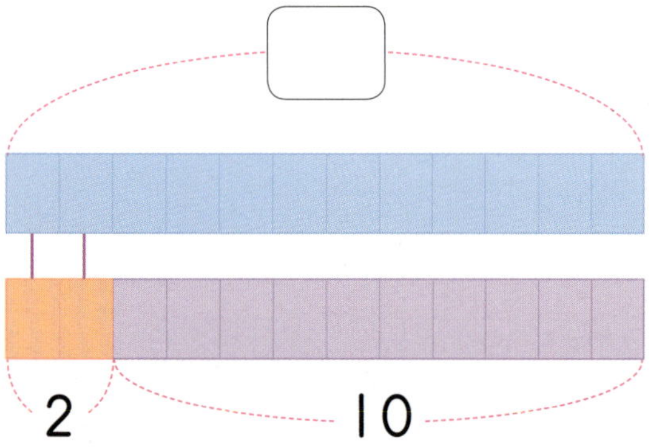

2
10
☐ − 2 = 10

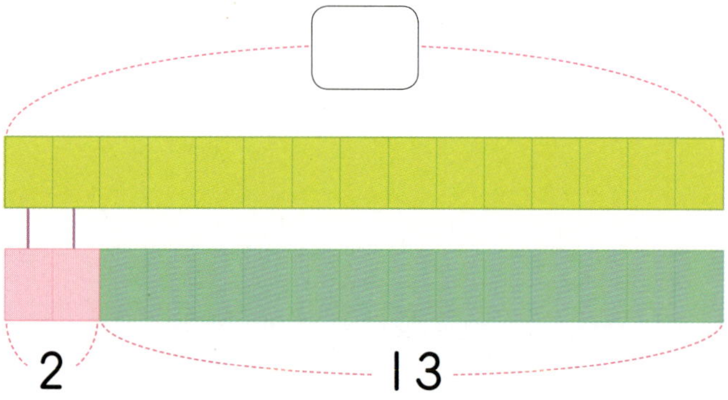

2
13
☐ − 2 = 13

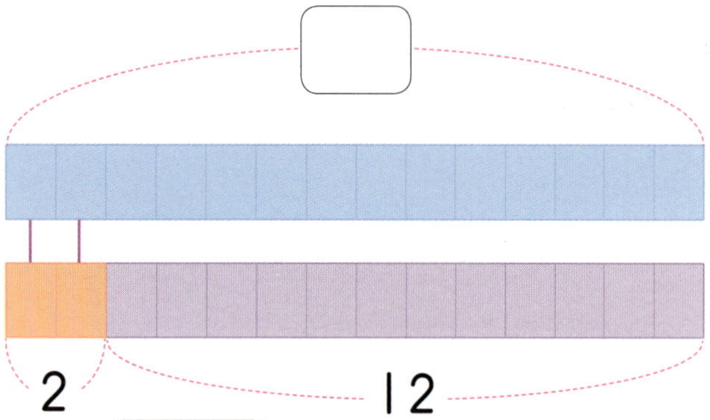

2
12
☐ − 2 = 12

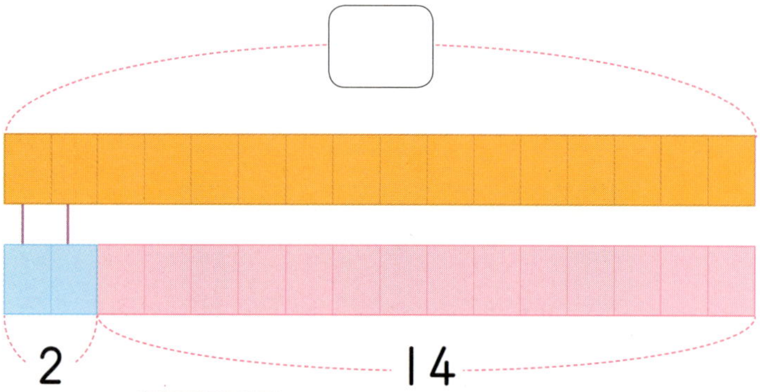

2
14
☐ − 2 = 14

🌱 ☐ 안에 알맞은 수를 쓰세요.

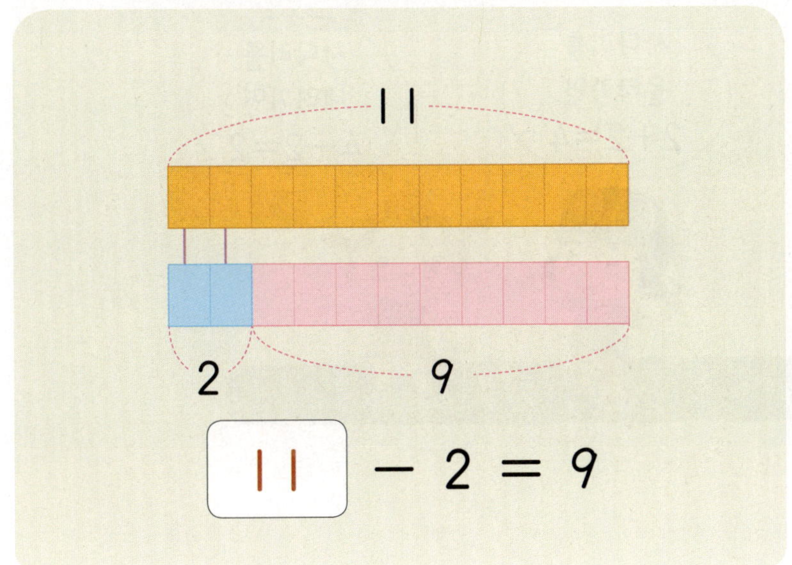

☐ − 2 = 16

☐ − 2 = 11

☐ − 2 = 12

☐ − 2 = 14

☐ − 2 = 10

☐ − 2 = 18

☐ − 2 = 15

☐ − 2 = 17

# 더하기 2와 빼기 2

🌳 ☐ 안에 알맞은 수를 쓰세요.

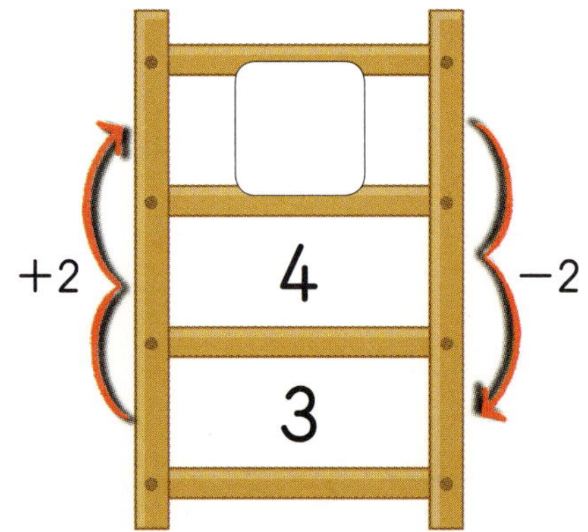


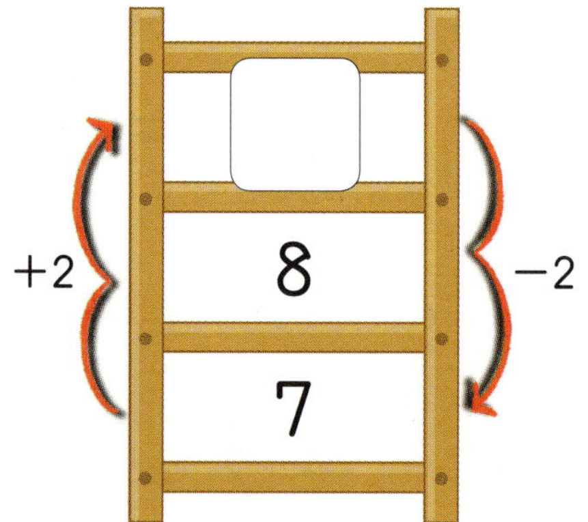


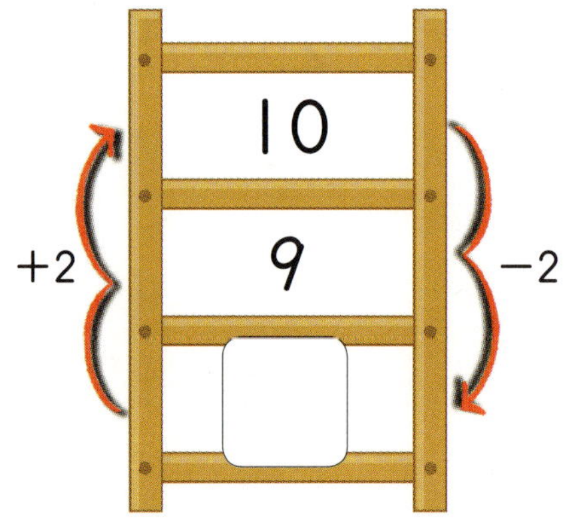


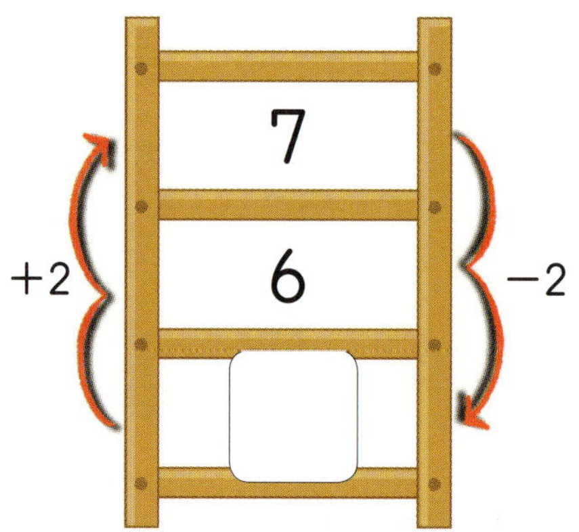

# 덧셈과 뺄셈을 하세요.

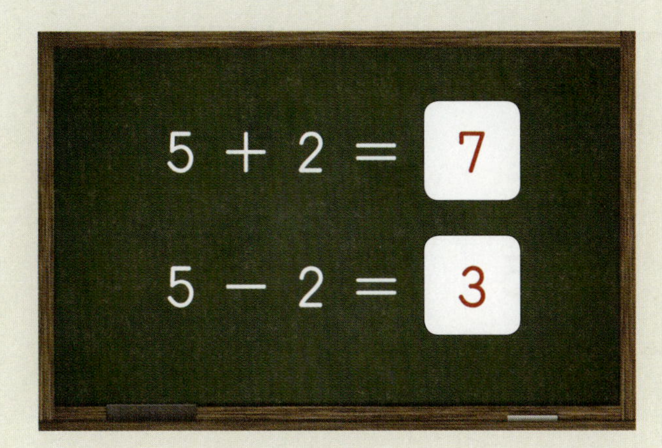

$6 + 2 = \square$
$6 - 2 = \square$

$4 + 2 = \square$
$4 - 2 = \square$

$8 + 2 = \square$
$8 - 2 = \square$

$7 + 2 = \square$
$7 - 2 = \square$

$3 + 2 = \square$
$3 - 2 = \square$

$5 + 2 = \square$
$5 - 2 = \square$

지오는 2가지 방법으로 덧셈을 했어요.

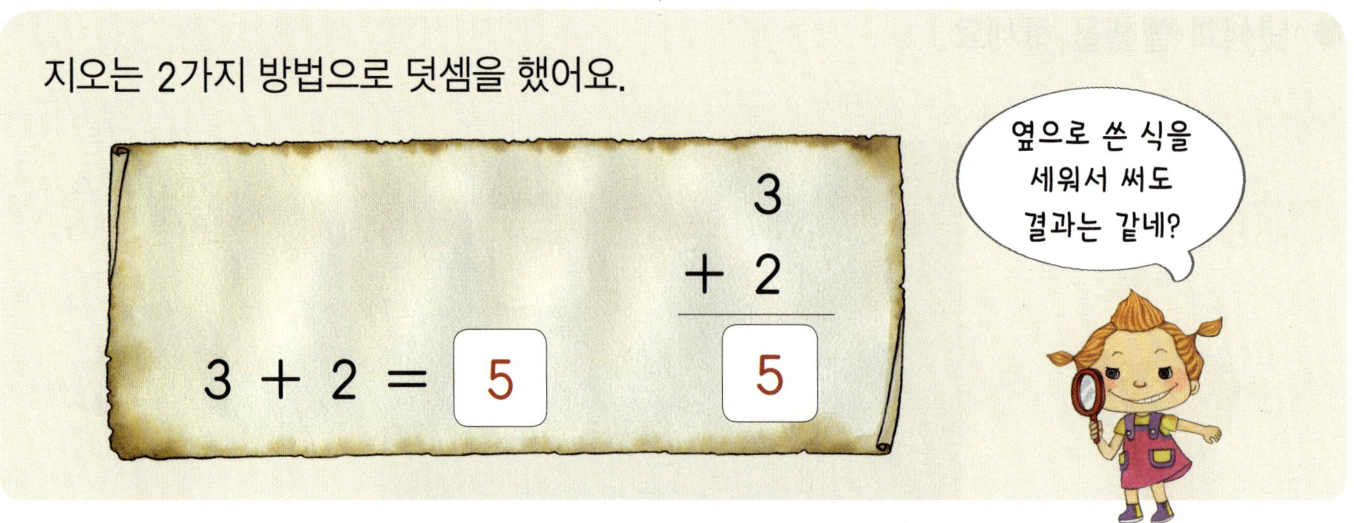


🌳 옆으로 쓴 식을 세워서 쓸 수 있어요. 덧셈과 뺄셈을 하세요.

5
+ 2

5 + 2 =

| 8
− 2

18 − 2 =



| 5
+ 2

15 + 2 =

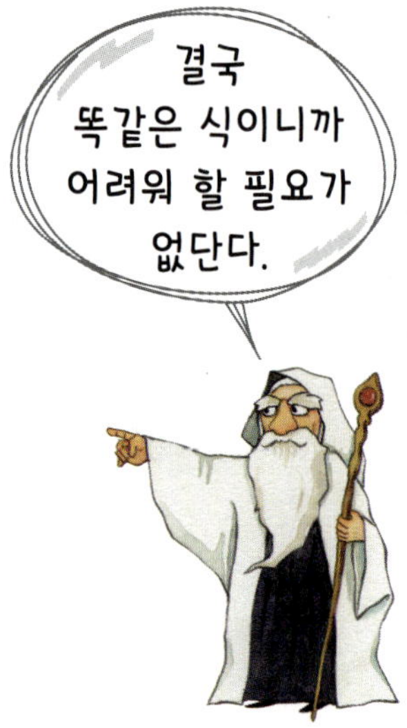

🌳 **덧셈과 뺄셈을 하세요.**

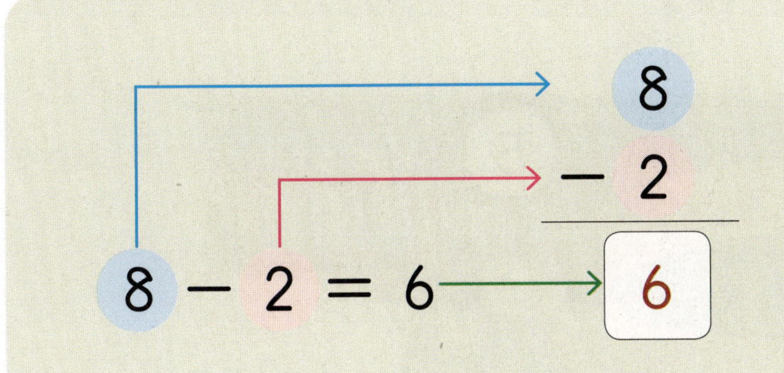




$$\begin{array}{r} 4 \\ +\ 2 \\ \hline \square \end{array} \qquad \begin{array}{r} 7 \\ +\ 2 \\ \hline \square \end{array} \qquad \begin{array}{r} 11 \\ +\ 2 \\ \hline \square \end{array}$$

$$\begin{array}{r} 16 \\ +\ 2 \\ \hline \square \end{array} \qquad \begin{array}{r} 9 \\ -\ 2 \\ \hline \square \end{array} \qquad \begin{array}{r} 5 \\ -\ 2 \\ \hline \square \end{array}$$

$$\begin{array}{r} 17 \\ -\ 2 \\ \hline \square \end{array} \qquad \begin{array}{r} 13 \\ -\ 2 \\ \hline \square \end{array} \qquad \begin{array}{r} 19 \\ -\ 2 \\ \hline \square \end{array}$$

# 55 +와 −

버스가 갈림길 중 올바른 길을 찾아가고 있어요.

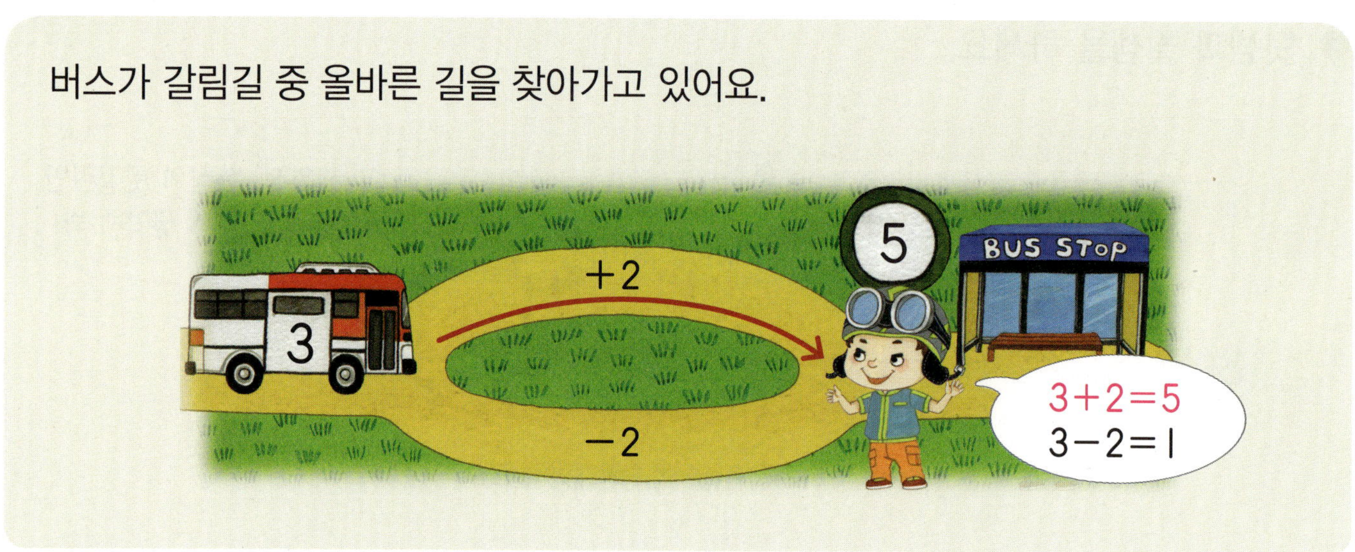

● 안의 수가 되는 길을 찾아 선을 그으세요.

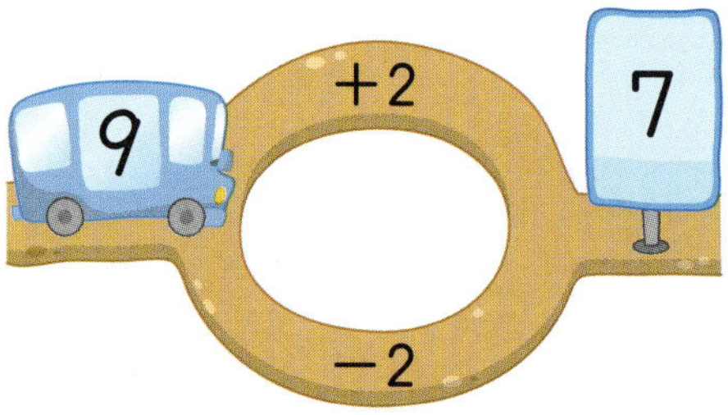


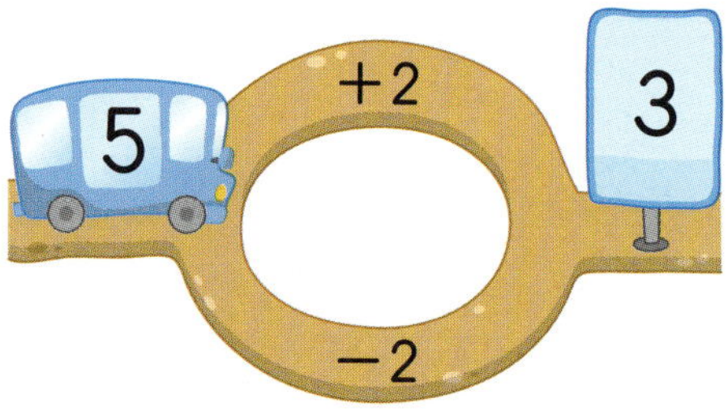


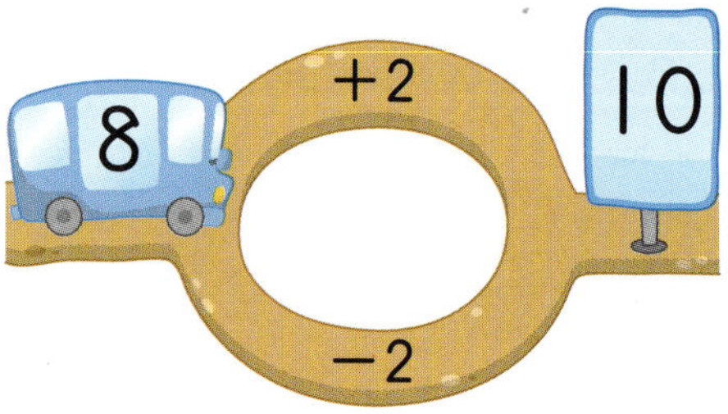


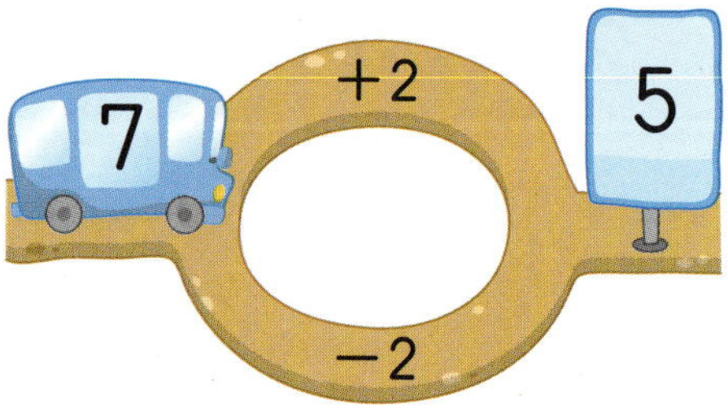


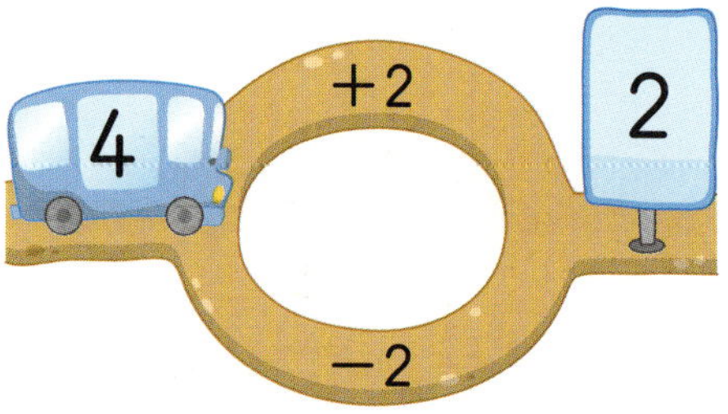


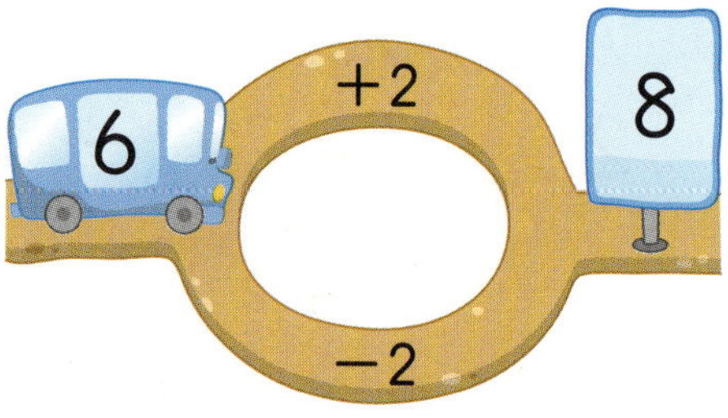

#  ○ 안에 + 또는 −를 쓰세요.





$$4 \; \bigcirc{+} \; 2 = 6$$

$$4 \; \bigcirc{-} \; 2 = 2$$

$5 \; \bigcirc \; 2 = 7$  $\qquad$  $3 \; \bigcirc \; 2 = 1$

$8 \; \bigcirc \; 2 = 6$  $\qquad$  $8 \; \bigcirc \; 2 = 10$

$7 \; \bigcirc \; 2 = 9$  $\qquad$  $6 \; \bigcirc \; 2 = 8$

$7 \; \bigcirc \; 2 = 5$  $\qquad$  $9 \; \bigcirc \; 2 = 7$

태경이는 풍선의 크기를 비교하고 있어요.

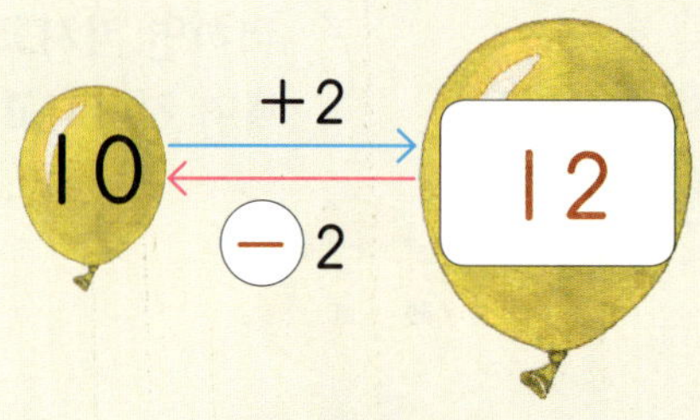

🌱 ◯ 안에는 + 또는 −를 ☐ 안에는 알맞은 수를 쓰세요.

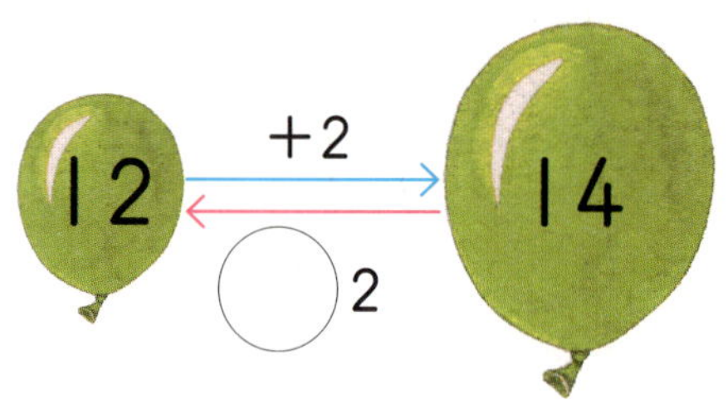

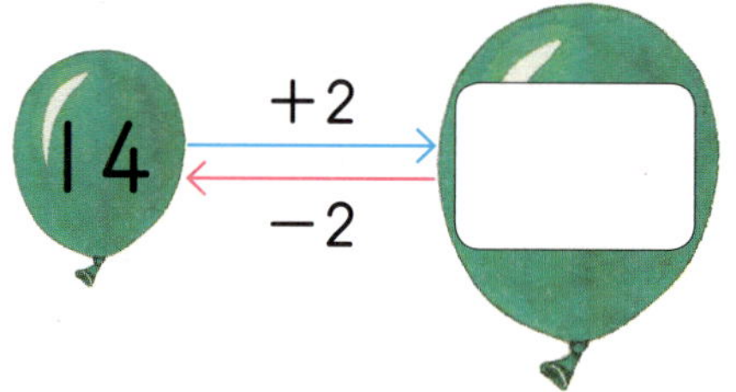

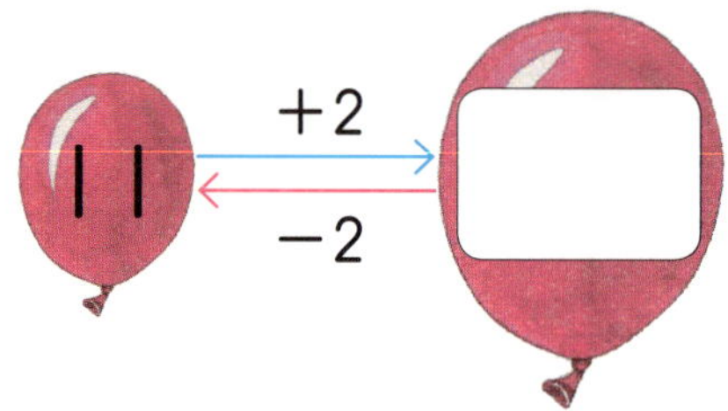

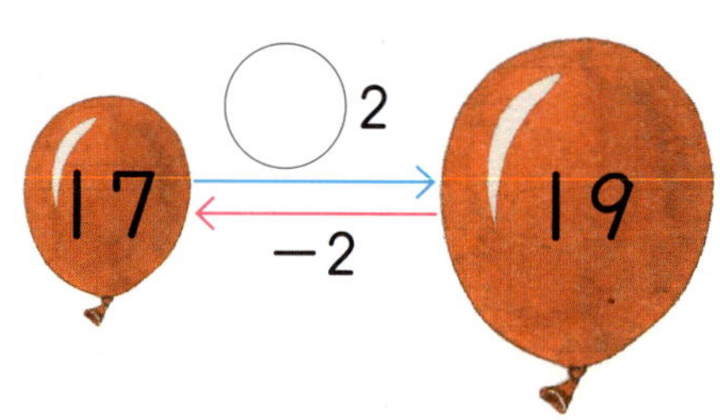

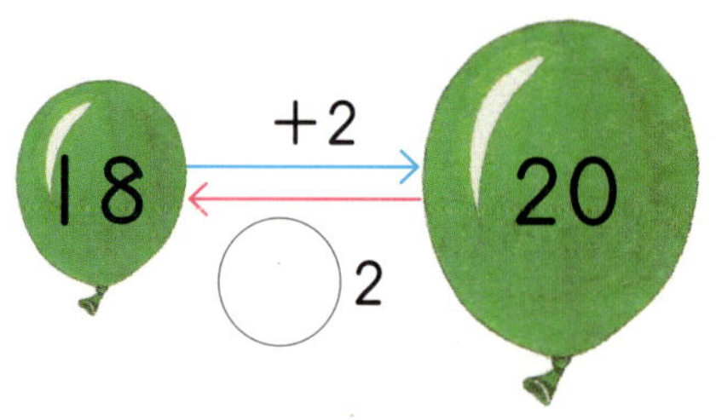

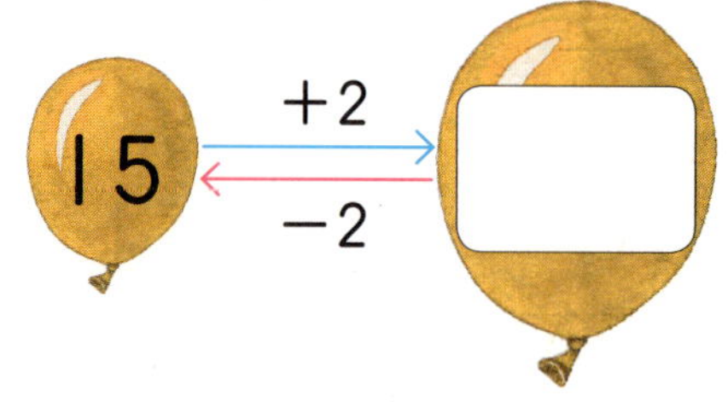

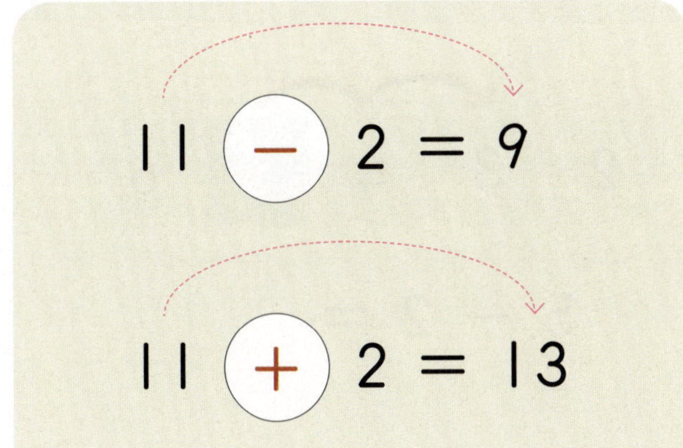

$$11 \; \bigcirc{-} \; 2 = 9$$

$$11 \; \bigcirc{+} \; 2 = 13$$

$$17 \; \bigcirc \; 2 = 19$$

$$13 \; \bigcirc \; 2 = 11$$

$$15 \; \bigcirc \; 2 = 13$$

$$16 \; \bigcirc \; 2 = 18$$

$$13 \; \bigcirc \; 2 = 15$$

$$20 \; \bigcirc \; 2 = 18$$

$$14 \; \bigcirc \; 2 = 12$$

$$12 \; \bigcirc \; 2 = 10$$

🌲 뺄셈을 하세요.

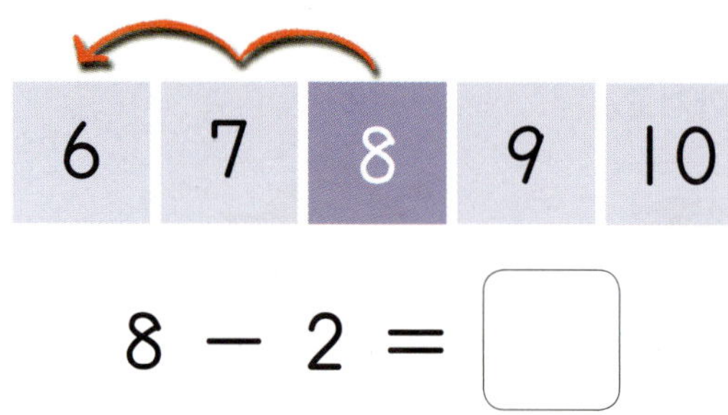

$$8 - 2 = \boxed{\phantom{0}}$$

$$5 - 2 = \boxed{\phantom{0}}$$

🌲 ╱로 2개를 지우고 뺄셈을 하세요.

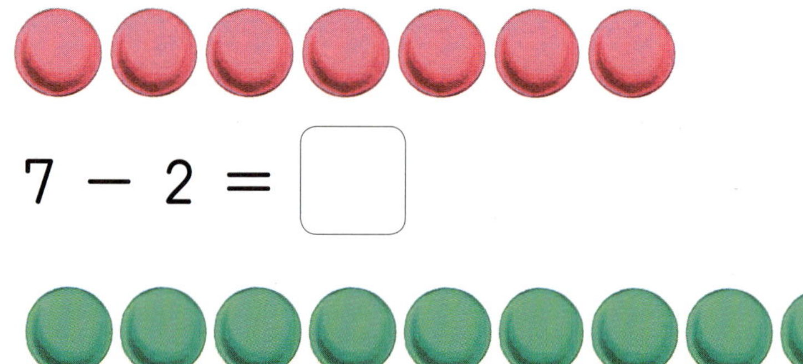

$$7 - 2 = \boxed{\phantom{0}}$$

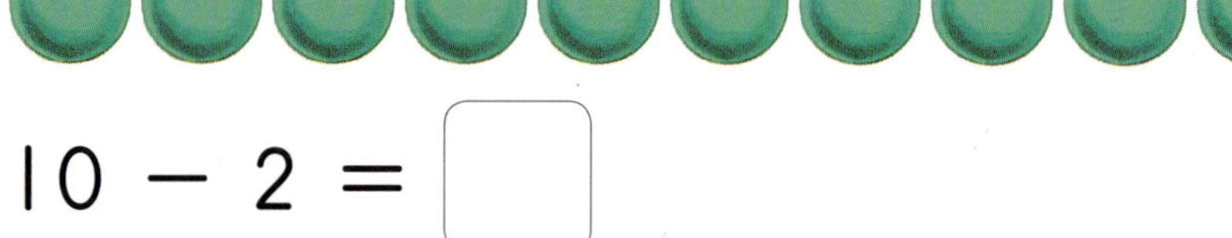

$$10 - 2 = \boxed{\phantom{0}}$$

🌲 뺄셈을 하세요.

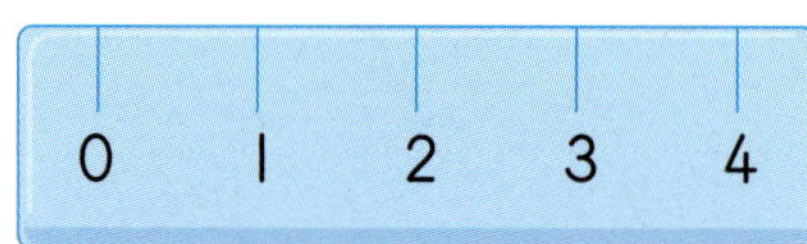

$$3 - 2 = \boxed{\phantom{0}}$$

$$14 - 2 = \boxed{\phantom{0}}$$

🌲 ⬜ 안에 알맞은 수를 쓰세요.

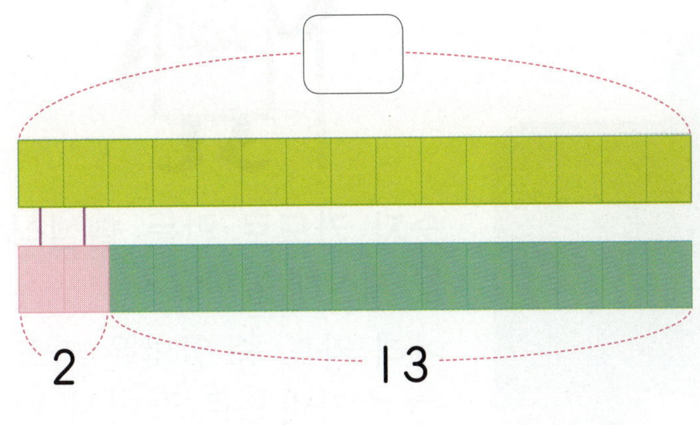

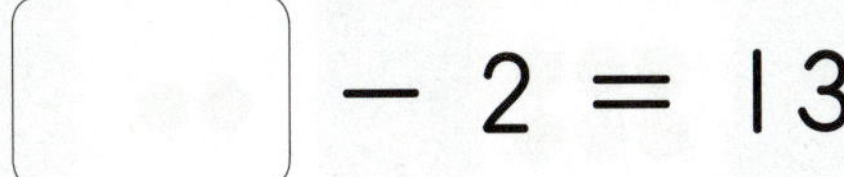

⬜ $- 2 = 13$

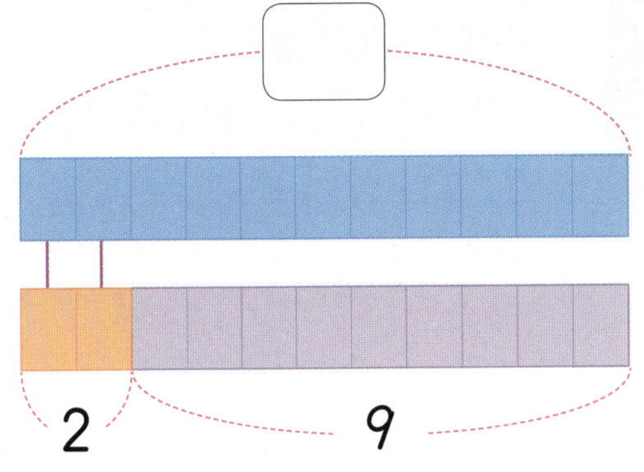

⬜ $- 2 = 9$

🌲 덧셈과 뺄셈을 하세요.

$$\begin{array}{r} 1\,3 \\ +\ \ 2 \\ \hline \end{array} \qquad \begin{array}{r} 1\,5 \\ -\ \ 2 \\ \hline \end{array} \qquad \begin{array}{r} 1\,7 \\ -\ \ 2 \\ \hline \end{array}$$

🌲 ◯ 안에 + 또는 −를 쓰세요.

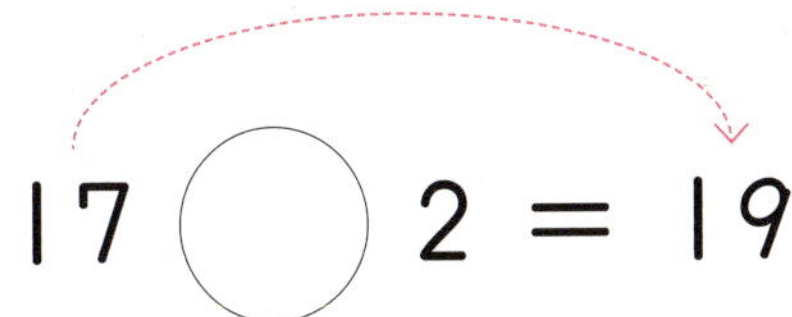

17 ◯ 2 = 19          13 ◯ 2 = 11

# 연산력 게임



QR코드를 찍으면 다양한 연산 게임을 할 수 있어요.

## 숫자 카드를 찾아요

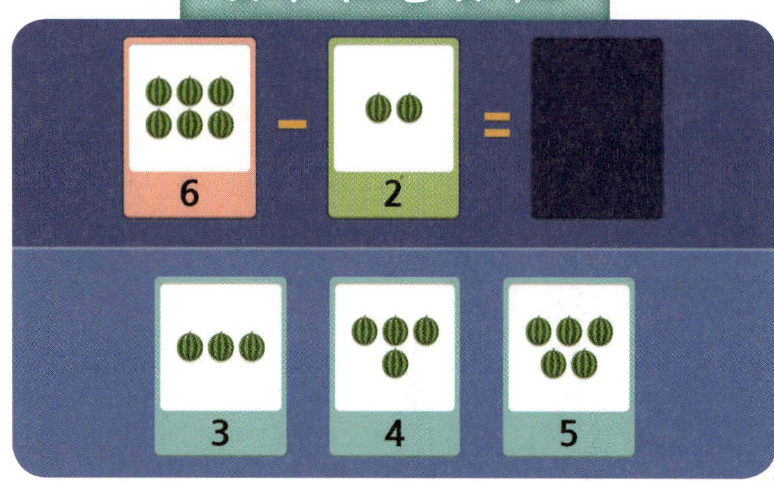



**숫자 카드로 만든 뺄셈식을 계산해 볼까요?**

아래 카드 중 알맞은 카드를 손가락으로 끌어서 빈 곳에 넣으세요.
4가 써 있는 카드를 넣으면 정답입니다.

**뺄셈식을 계산하면 얼마일까요?**

시작 버튼을 눌러 손잡이를 내리면 뺄셈식이 나옵니다. 아래에서 답을 찾아 손가락으로 누르세요.
7을 누르면 정답입니다.

## 손잡이를 내려요

# 20까지의 빼기 3

▶ 연산 보충 학습(108쪽)에서 더 풀어 보세요.

## 학부모 지도 가이드

이번 차시에서는 거꾸로 3 뛴 수의 의미를 이해하여 20까지의 빼기 3을 직관적으로 배우게 됩니다. 앞서 배웠던 빼기 1과 빼기 2의 확장 개념으로서 다양한 수식 모델을 통해 빼기 3을 보다 쉽게 익히는 데 도움이 됩니다. □가 있는 빼기 3의 계산은 거꾸로 3번 뛰어 수를 찾을 수 있도록 하고, 더하기 3과 빼기 3의 계산은 반복을 통해 확실하게 이해할 수 있도록 지도해 주세요.

# 빼기 3은 거꾸로 3 뛴 수

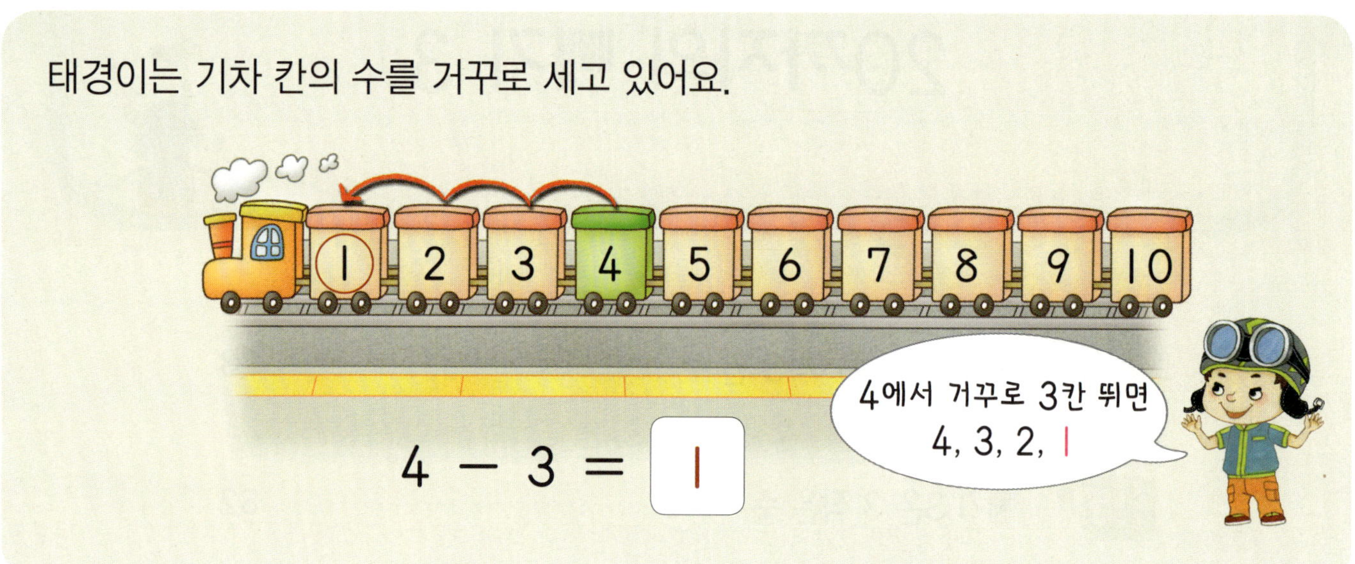



🌳 색칠된 칸에서 거꾸로 3칸 뛴 수에 ◯표 하고 뺄셈을 하세요.

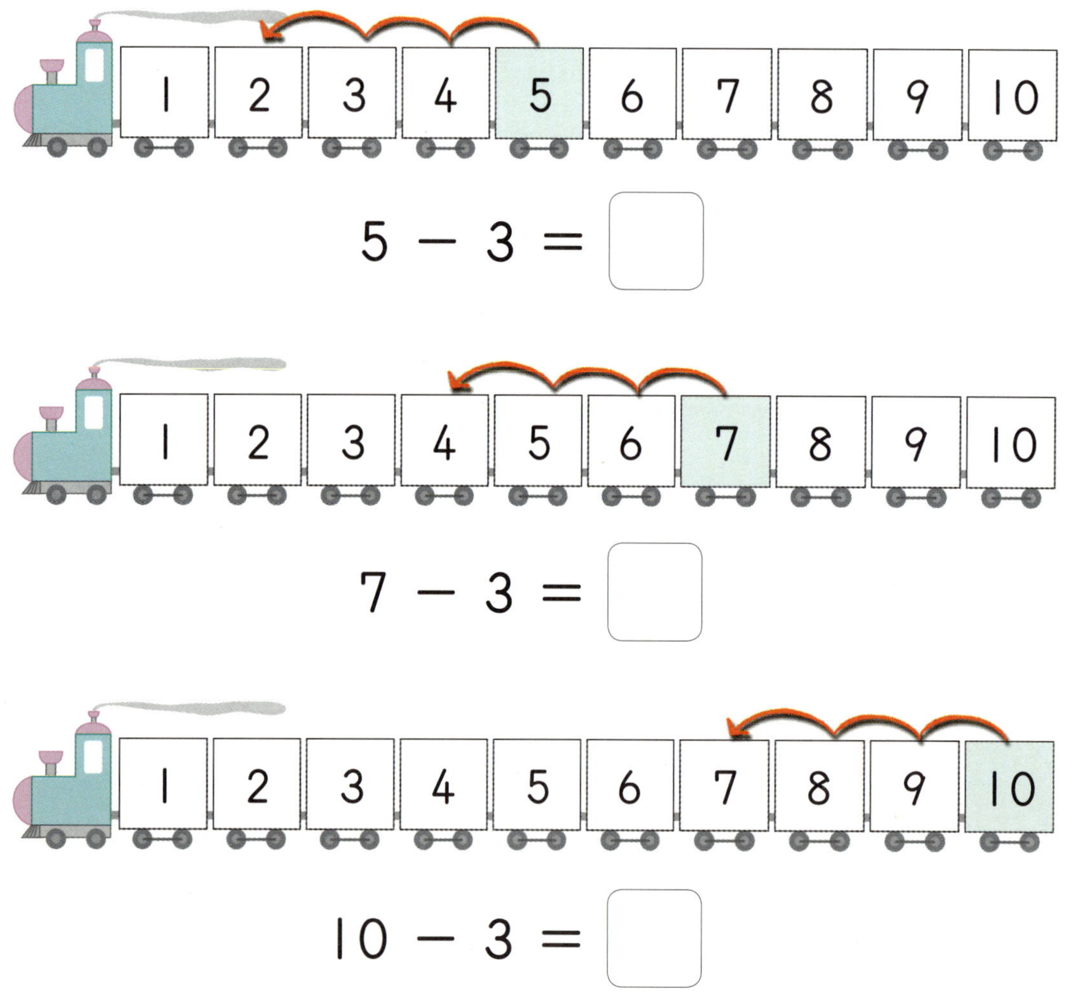

5 − 3 = 2

4 − 3 =

7 − 3 =

8 − 3 =

9 − 3 =

6 − 3 =

10 − 3 =

축구공이 굴러 내려가고 있어요.

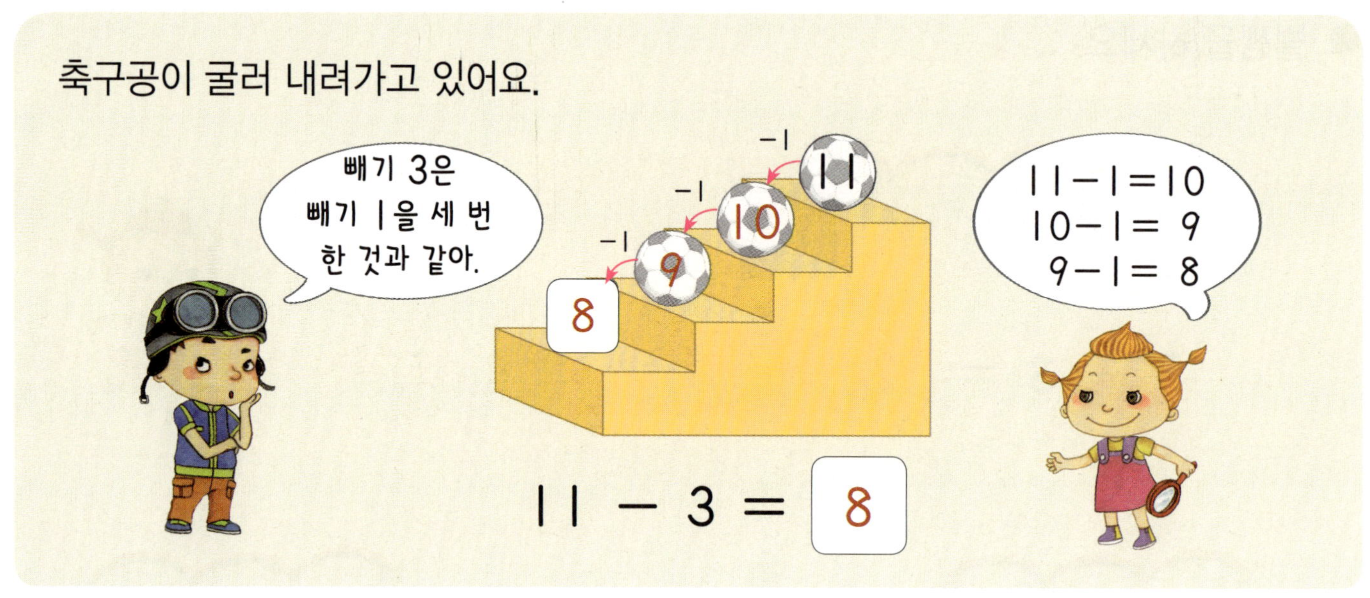


🌳 빈 곳에 알맞은 수를 쓰고 뺄셈을 하세요.

12 − 3 =

15 − 3 =

19 − 3 =

20 − 3 =

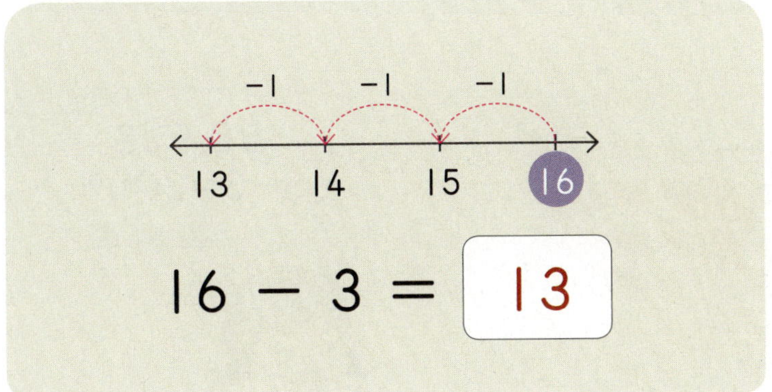

$$16 - 3 = \boxed{13}$$

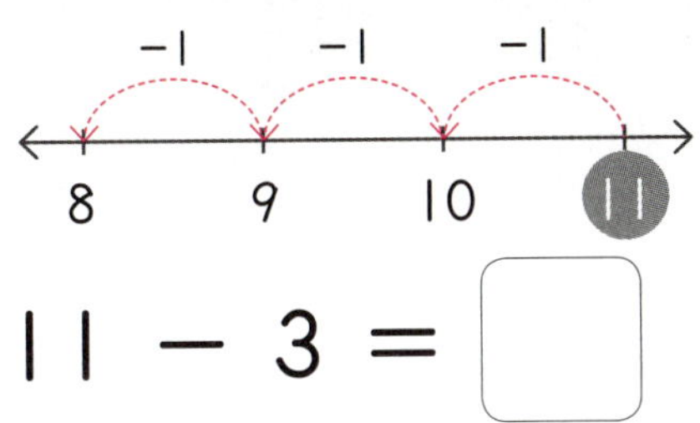

$$11 - 3 = \boxed{\phantom{00}}$$

$$18 - 3 = \boxed{\phantom{00}}$$

$$14 - 3 = \boxed{\phantom{00}}$$

$$20 - 3 = \boxed{\phantom{00}}$$

$$13 - 3 = \boxed{\phantom{00}}$$

$$17 - 3 = \boxed{\phantom{00}}$$

$$15 - 3 = \boxed{\phantom{00}}$$

$$19 - 3 = \boxed{\phantom{00}}$$

공부한 날
월
일

# 빼기 3은 3 작은 수

🌳 그림을 보고 뺄셈을 하세요.

$$4 - 3 = \boxed{\phantom{0}}$$

$$7 - 3 = \boxed{\phantom{0}}$$

$$8 - 3 = \boxed{\phantom{0}}$$

$$6 - 3 = \boxed{\phantom{0}}$$

🌳 ✏️ 로 3개를 지우고 뺄셈을 하세요.

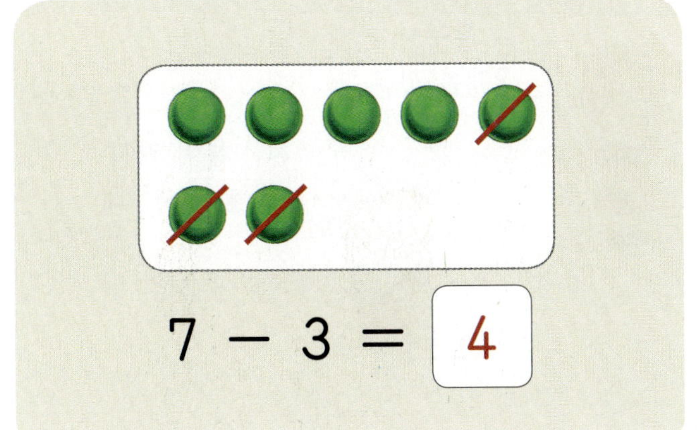

$$7 - 3 = \boxed{4}$$

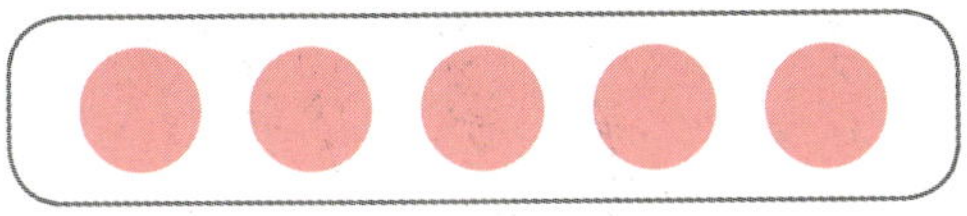

$$5 - 3 = \boxed{\phantom{0}}$$

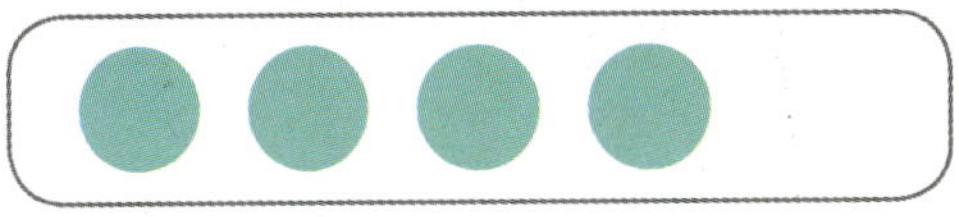

$$4 - 3 = \boxed{\phantom{0}}$$

$$9 - 3 = \boxed{\phantom{0}}$$

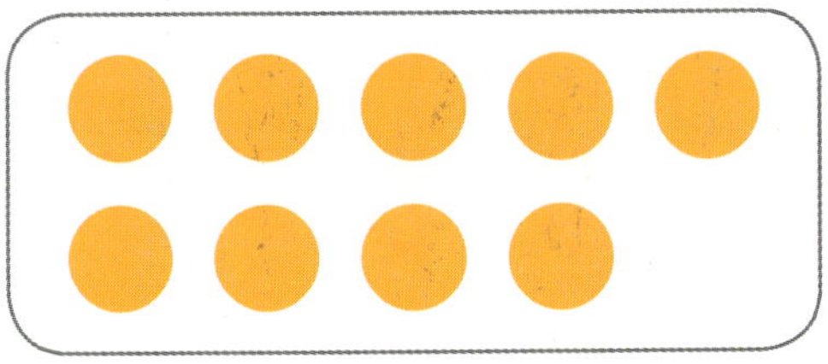

$$10 - 3 = \boxed{\phantom{0}}$$

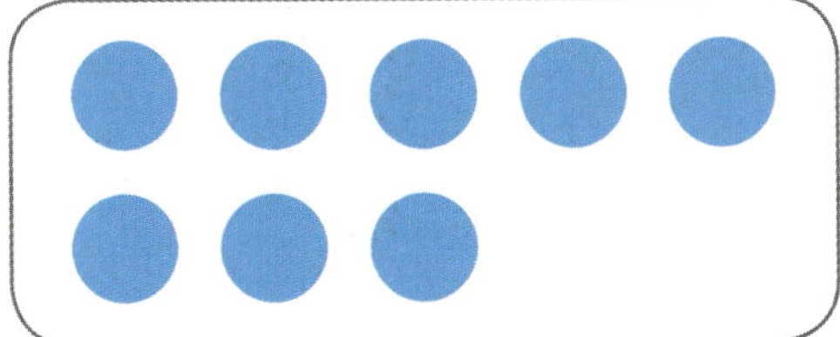

$$8 - 3 = \boxed{\phantom{0}}$$

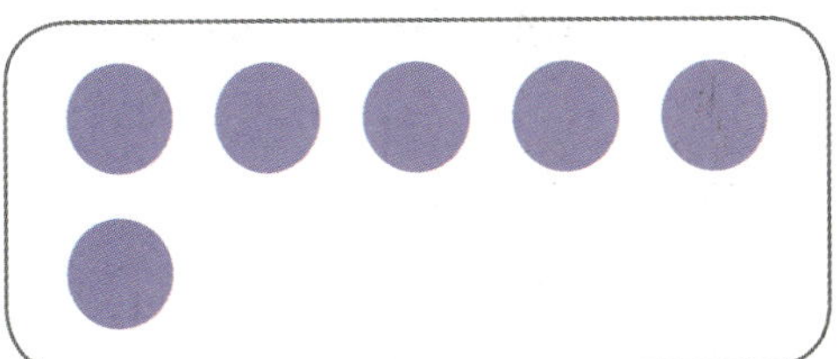

$$6 - 3 = \boxed{\phantom{0}}$$

그림을 보고 뺄셈을 하세요.

13 − 3 =

15 − 3 =

12 − 3 =

17 − 3 =

● 로 연결큐브 3개를 지우고 뺄셈을 하세요.

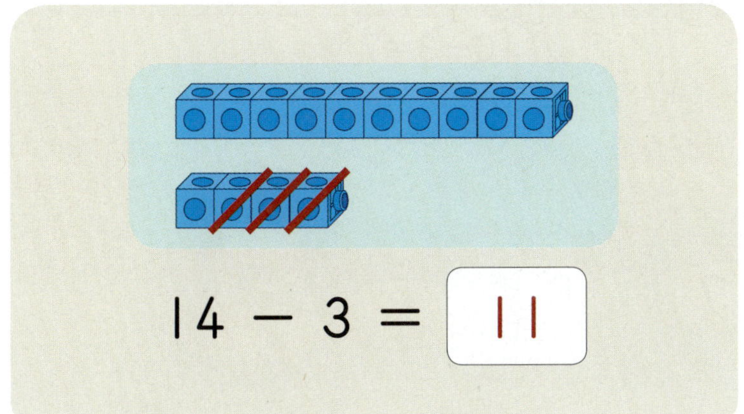

$$14 - 3 = \boxed{11}$$



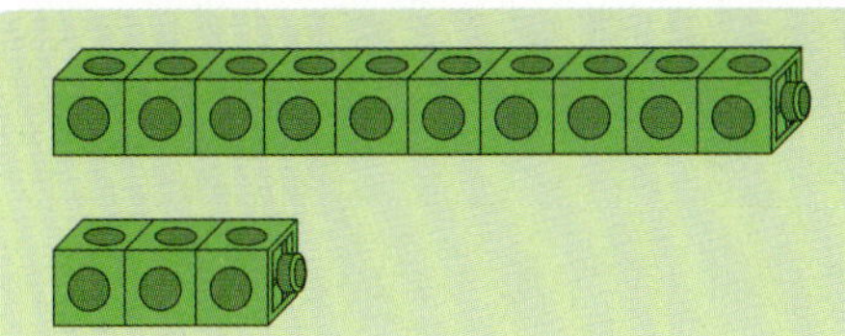

$$13 - 3 = \boxed{\phantom{00}}$$

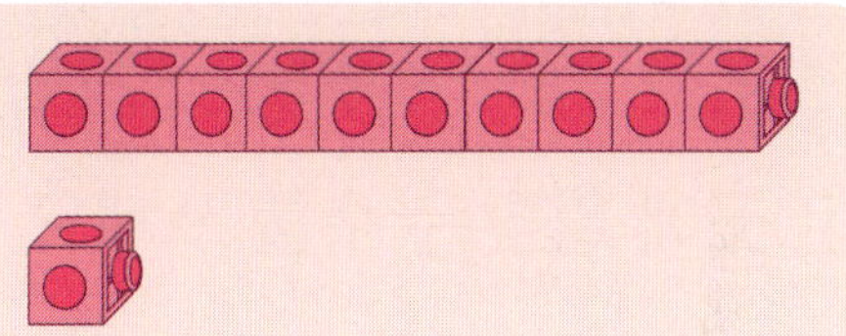

$$11 - 3 = \boxed{\phantom{00}}$$

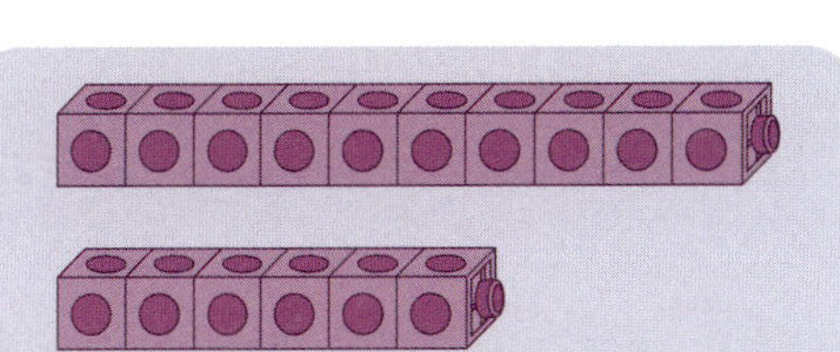

$$16 - 3 = \boxed{\phantom{00}}$$

$$19 - 3 = \boxed{\phantom{00}}$$

$$18 - 3 = \boxed{\phantom{00}}$$

$$20 - 3 = \boxed{\phantom{00}}$$

공부한 날
월
일

# ☐가 있는 빼기 3

● 빈 곳에 알맞은 수를 쓰세요.

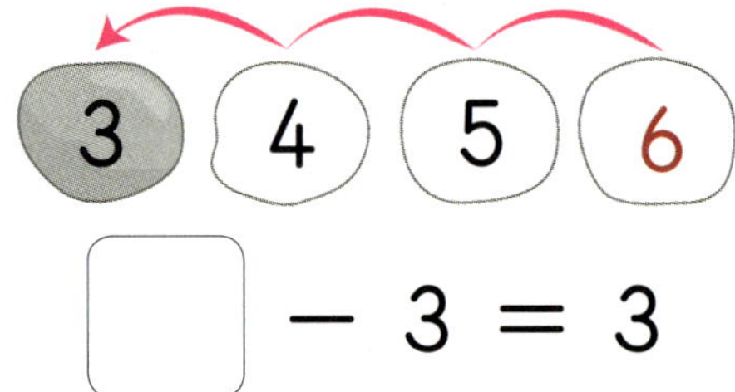


$$\boxed{\phantom{0}} - 3 = 3$$

$$\boxed{\phantom{0}} - 3 = 1$$

$$\boxed{\phantom{0}} - 3 = 4$$

$$\boxed{\phantom{0}} - 3 = 7$$

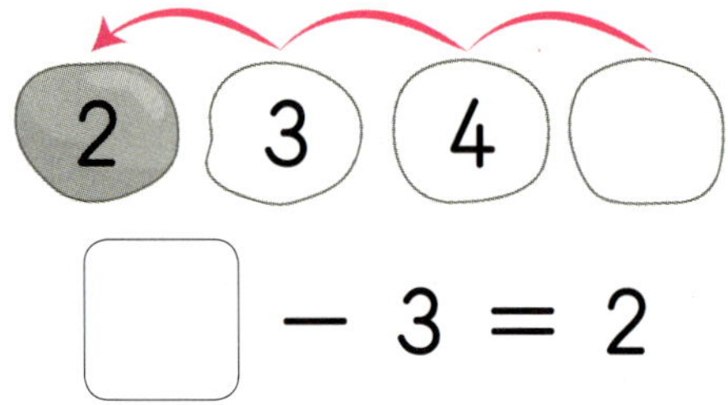


$$\boxed{\phantom{0}} - 3 = 2$$

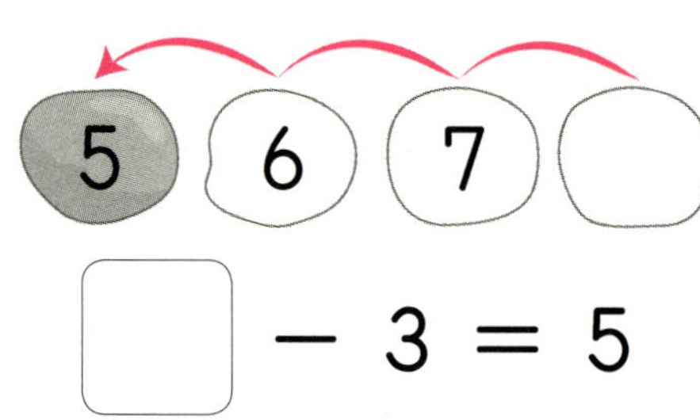


$$\boxed{\phantom{0}} - 3 = 5$$

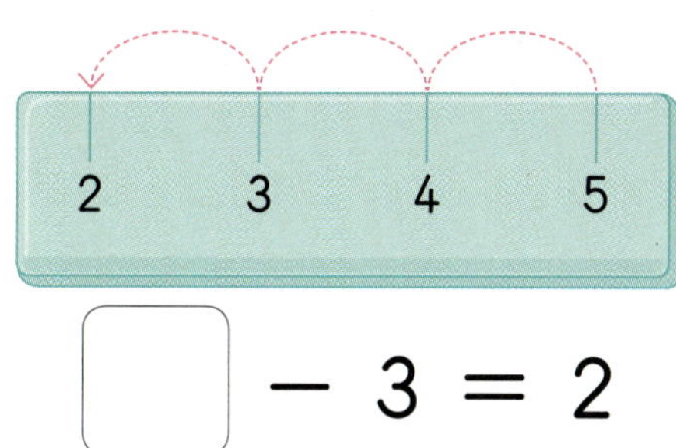


$$\boxed{\phantom{0}} - 3 = 2$$

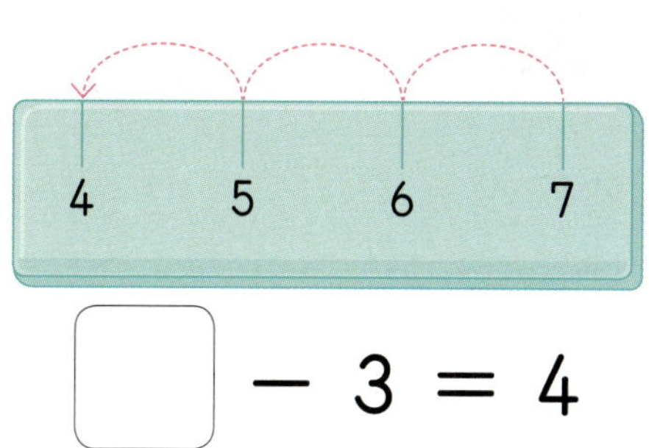


$$\boxed{\phantom{0}} - 3 = 4$$

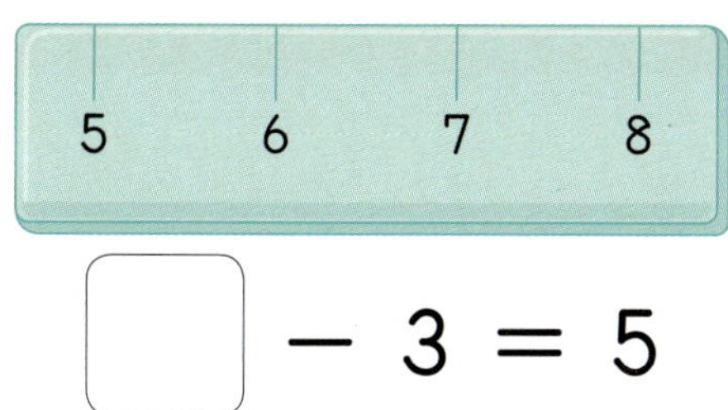


$$\boxed{\phantom{0}} - 3 = 5$$

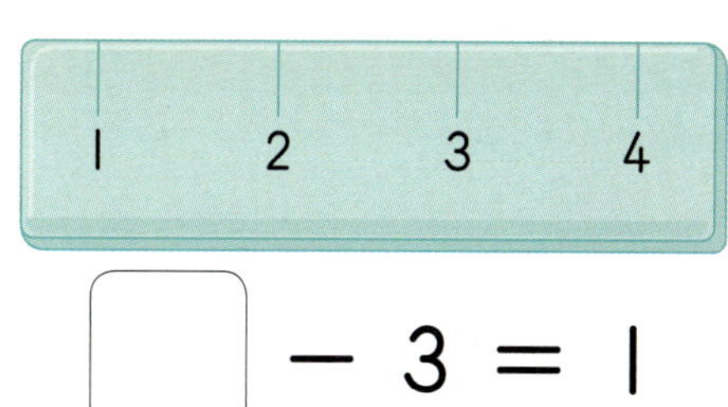


$$\boxed{\phantom{0}} - 3 = 1$$



$$\boxed{\phantom{0}} - 3 = 6$$

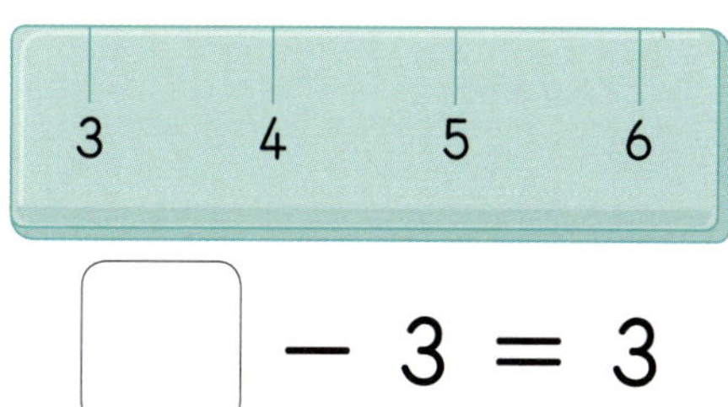


$$\boxed{\phantom{0}} - 3 = 3$$

태경이는 막대 조각의 수를 비교하고 있어요.

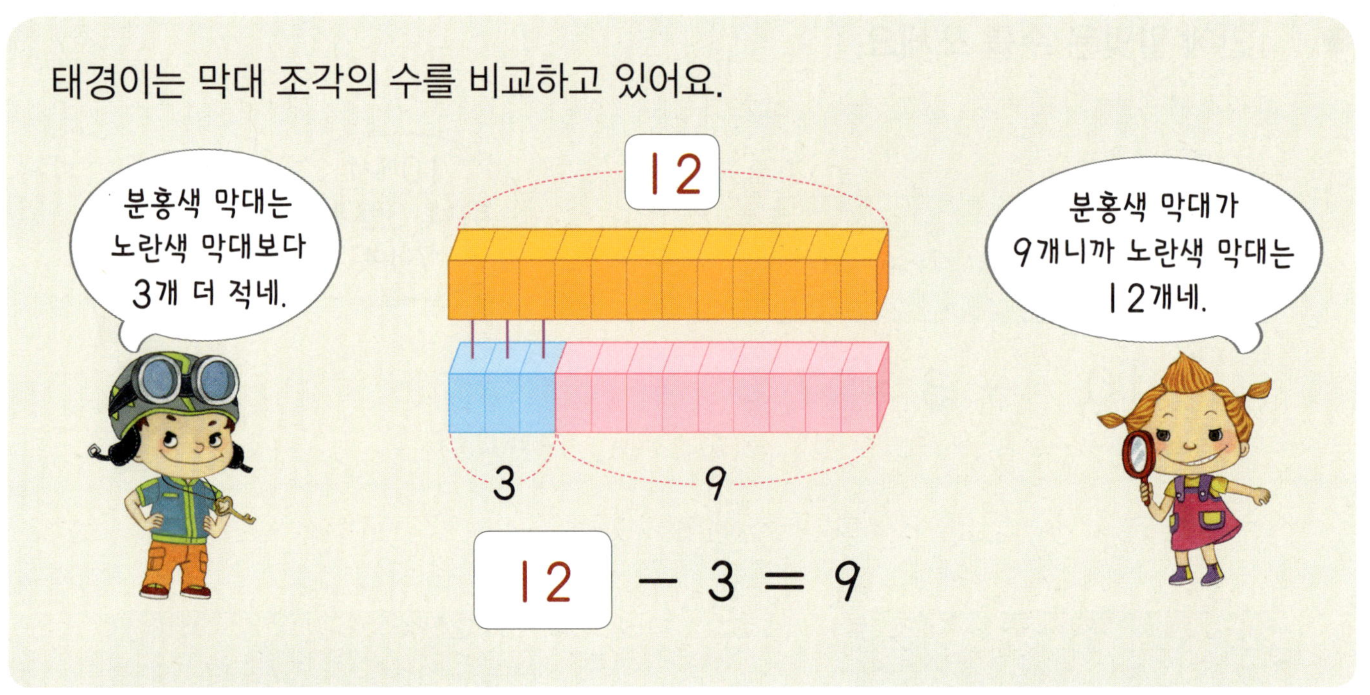


🌳 ☐ 안에 알맞은 수를 쓰세요.

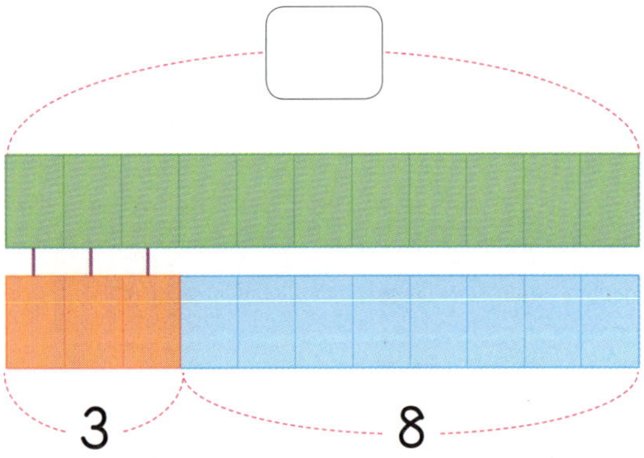

3    8

☐ − 3 = 8

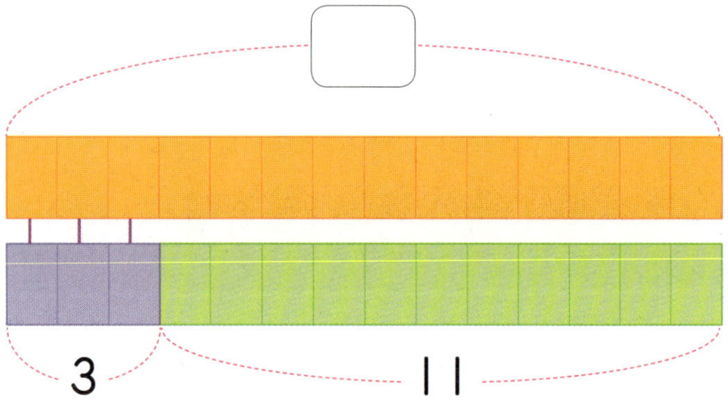

3    11

☐ − 3 = 11

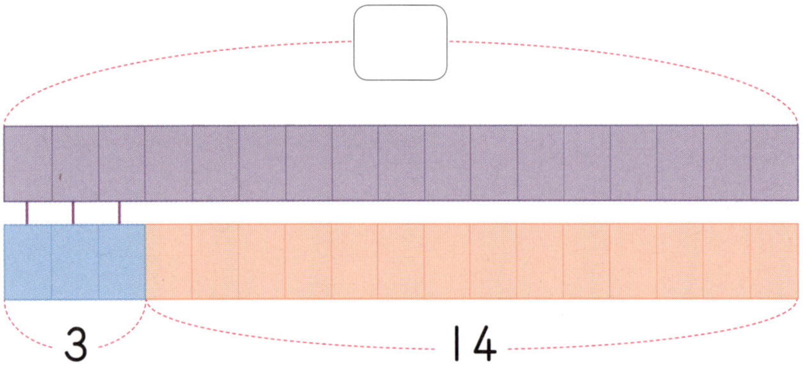

3    14

☐ − 3 = 14

● ☐ 안에 알맞은 수를 쓰세요.

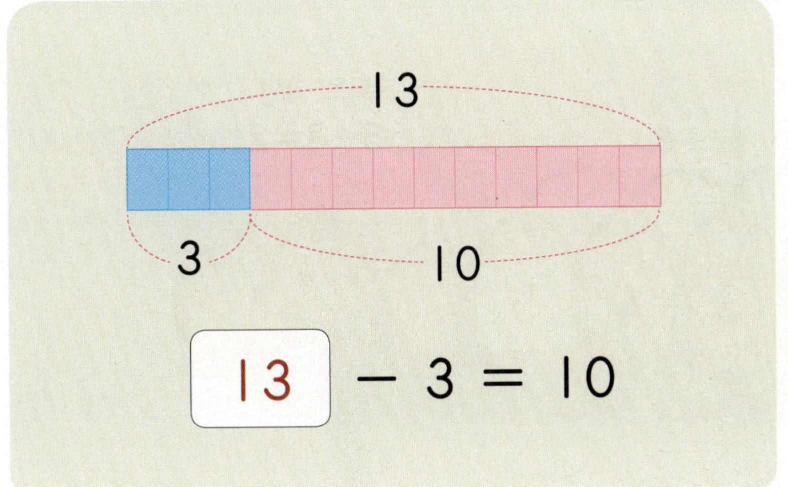





월
일

☐ − 3 = 15

☐ − 3 = 8

☐ − 3 = 13

☐ − 3 = 16

☐ − 3 = 12

☐ − 3 = 17

☐ − 3 = 9

☐ − 3 = 14

# 더하기 3과 빼기 3

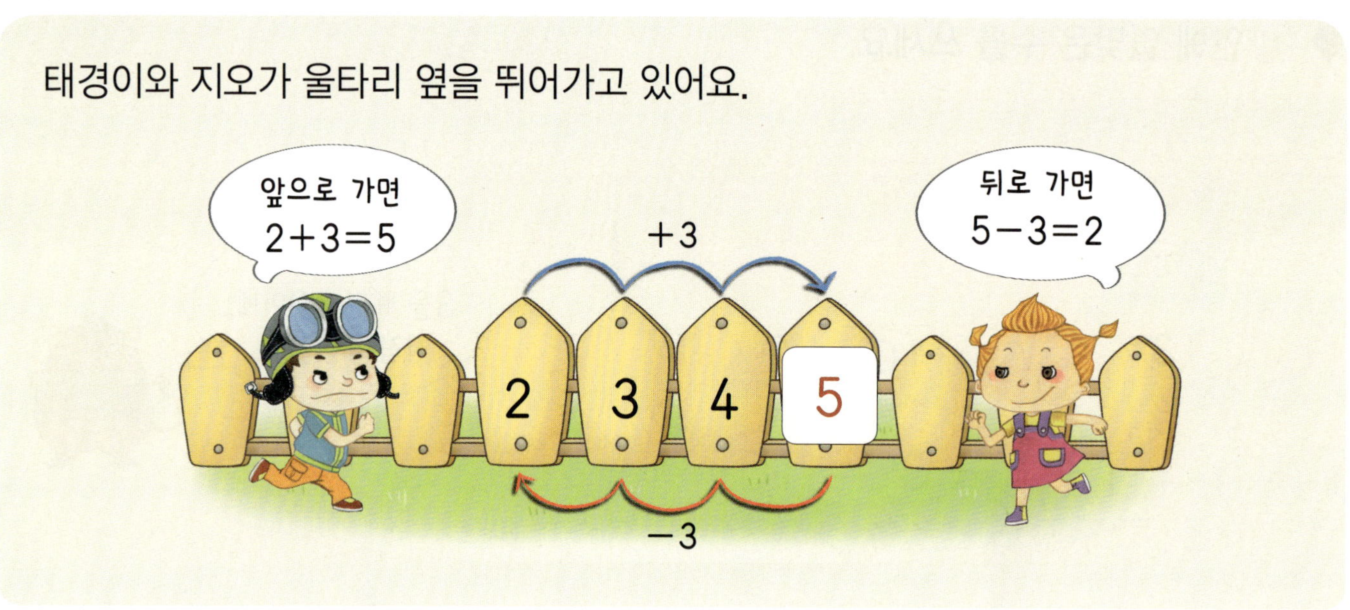


🌳 ☐ 안에 알맞은 수를 쓰세요.

+3
6 7 8 ☐
-3

+3
8 9 10 ☐
-3

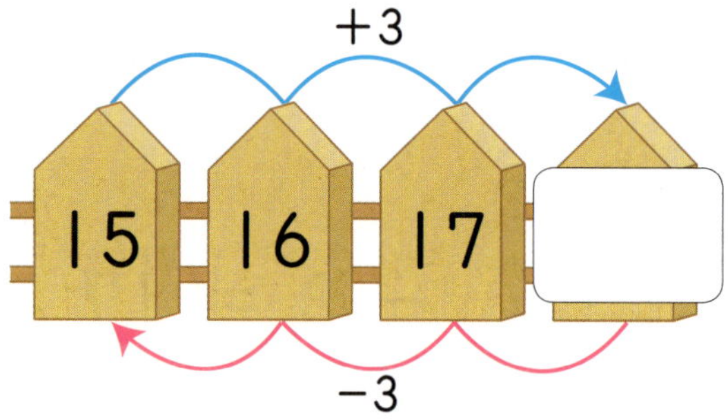

+3
15 16 17 ☐
-3

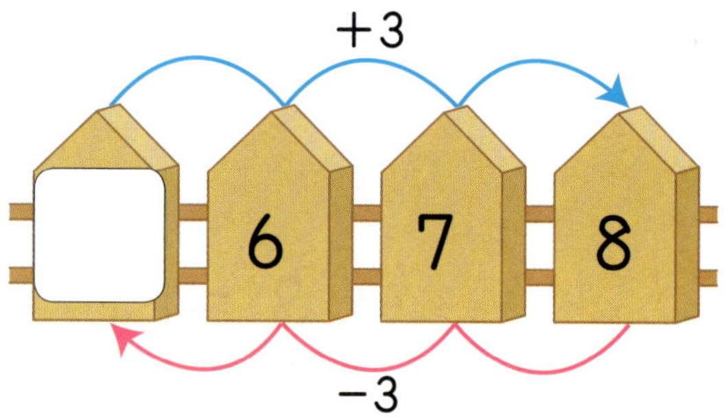

+3
☐ 6 7 8
-3

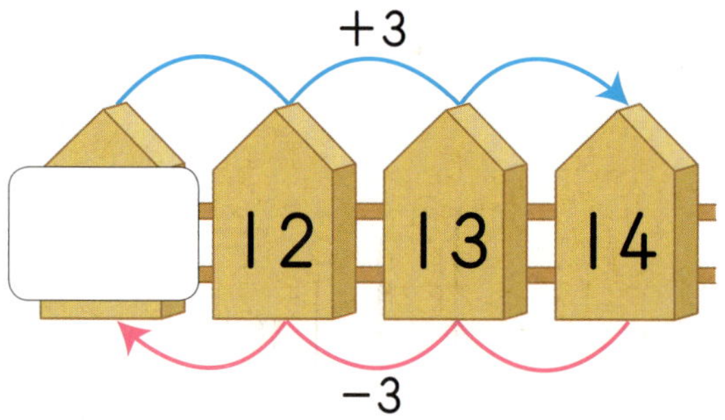

+3
☐ 12 13 14
-3

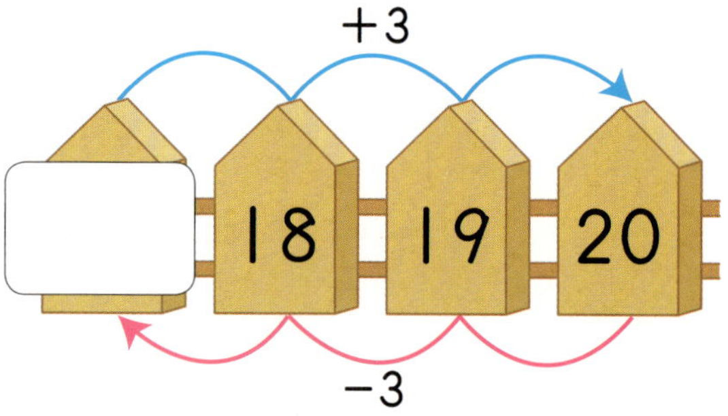

+3
☐ 18 19 20
-3

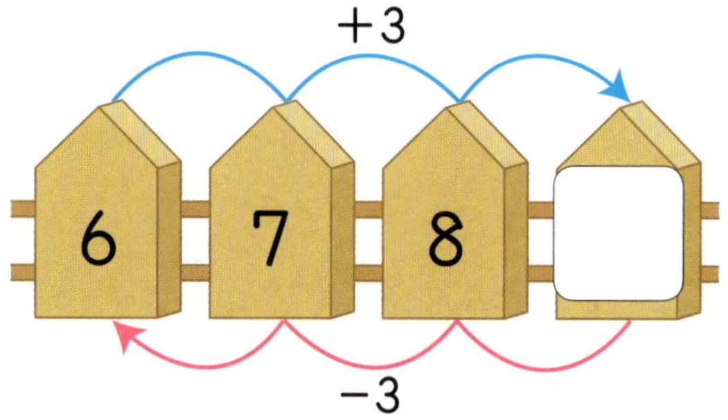

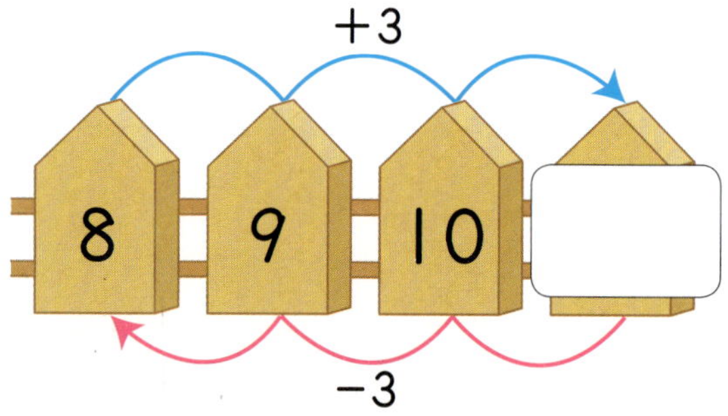

$$5 + 3 = 8$$

$$5 - 3 = 2$$

$6 + 3 = \boxed{\phantom{0}}$

$6 - 3 = \boxed{\phantom{0}}$

$7 + 3 = \boxed{\phantom{0}}$

$7 - 3 = \boxed{\phantom{0}}$

$10 + 3 = \boxed{\phantom{0}}$

$10 - 3 = \boxed{\phantom{0}}$

$13 + 3 = \boxed{\phantom{0}}$

$13 - 3 = \boxed{\phantom{0}}$

$15 + 3 = \boxed{\phantom{0}}$

$15 - 3 = \boxed{\phantom{0}}$

$17 + 3 = \boxed{\phantom{0}}$

$17 - 3 = \boxed{\phantom{0}}$

🌳 옆으로 쓴 식을 세워서 쓸 수 있어요. 덧셈과 뺄셈을 하세요.

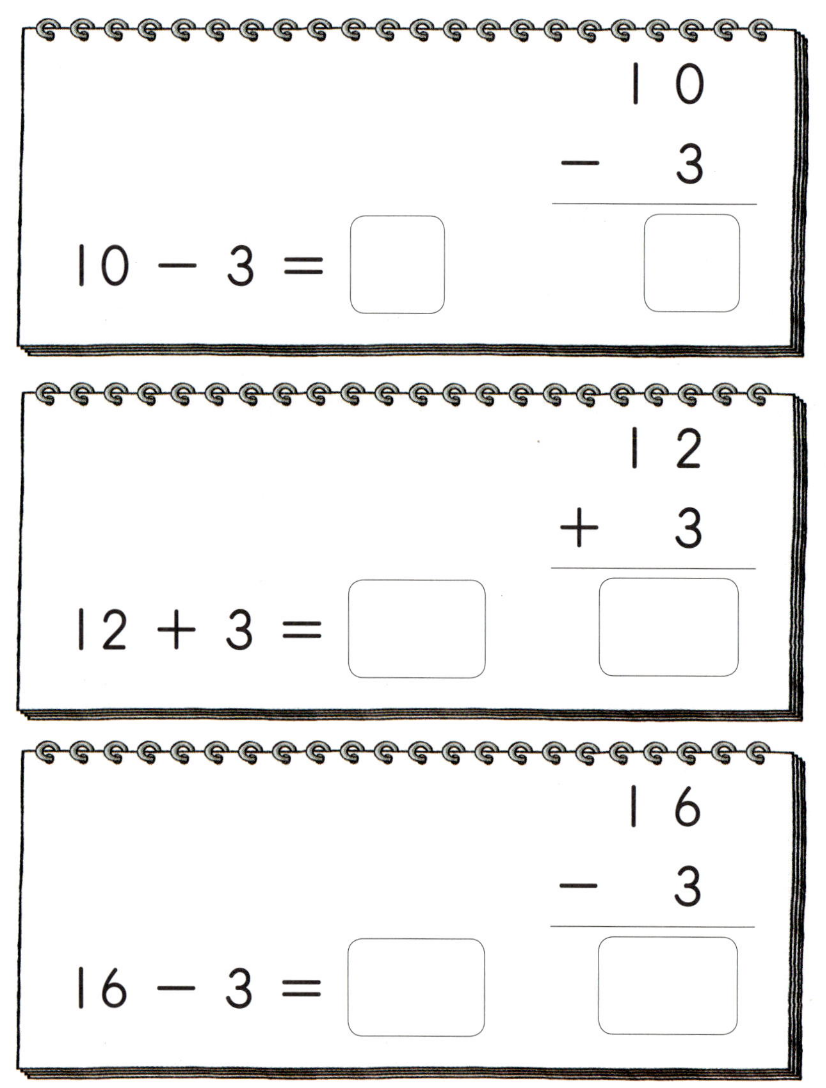

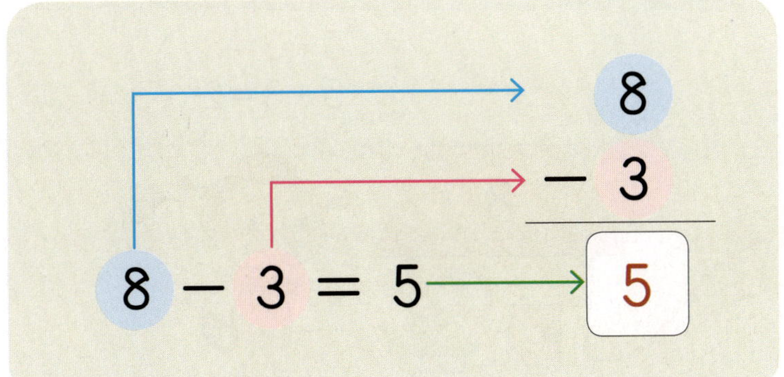

$$\begin{array}{r} 5 \\ +\ 3 \\ \hline \end{array}$$

$$\begin{array}{r} 8 \\ +\ 3 \\ \hline \end{array}$$

$$\begin{array}{r} 11 \\ +\ 3 \\ \hline \end{array}$$

$$\begin{array}{r} 15 \\ +\ 3 \\ \hline \end{array}$$

$$\begin{array}{r} 4 \\ -\ 3 \\ \hline \end{array}$$

$$\begin{array}{r} 9 \\ -\ 3 \\ \hline \end{array}$$

$$\begin{array}{r} 12 \\ -\ 3 \\ \hline \end{array}$$

$$\begin{array}{r} 18 \\ -\ 3 \\ \hline \end{array}$$

$$\begin{array}{r} 20 \\ -\ 3 \\ \hline \end{array}$$

공부한 날

월

일

# 60 ＋와 －

자동차가 갈림길에서 올바른 길을 찾아 가고 있어요.

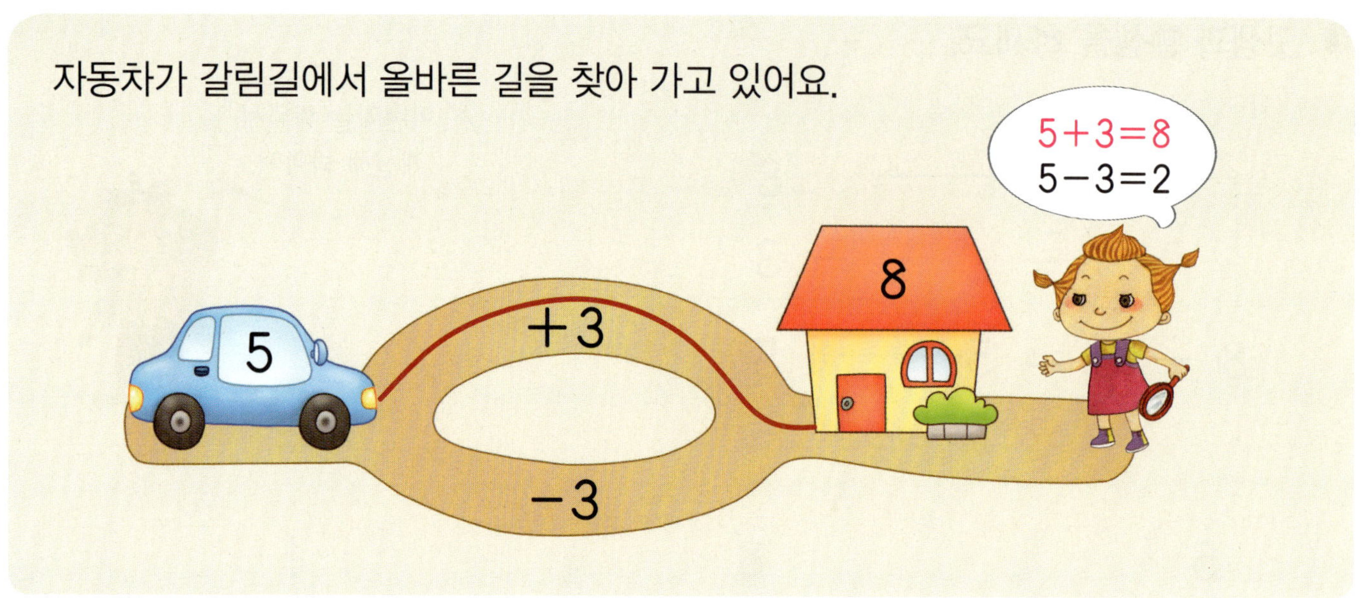

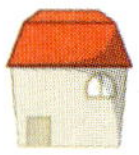 안의 수가 되는 길을 찾아 선을 그으세요.

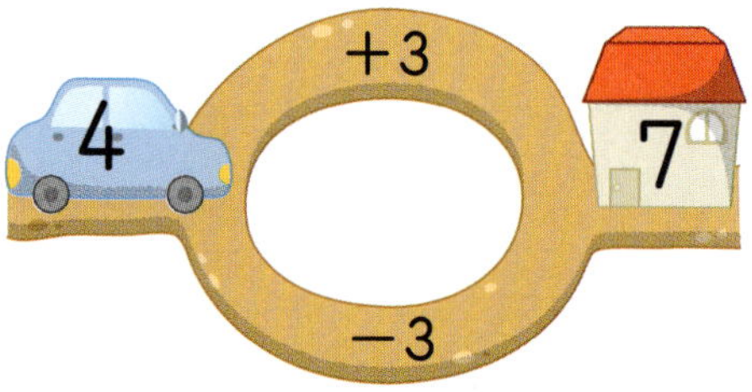


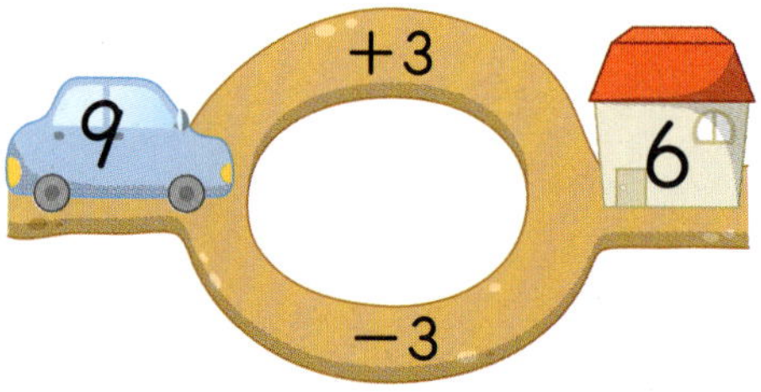


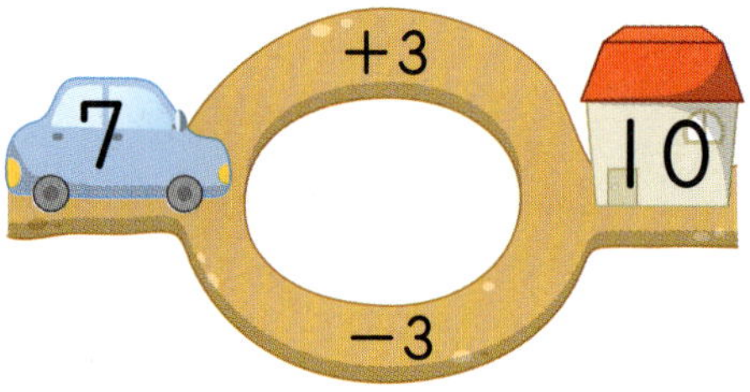


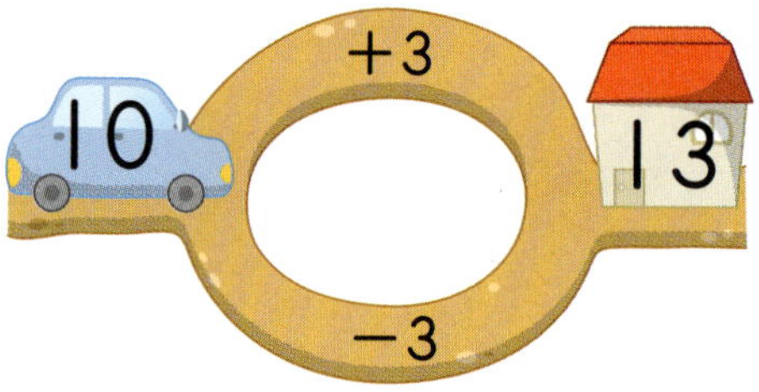


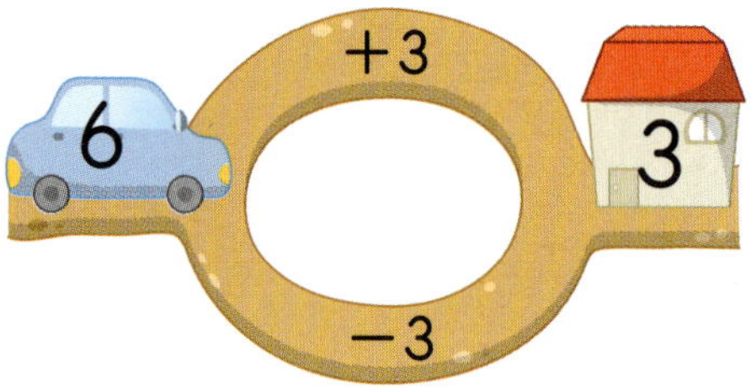


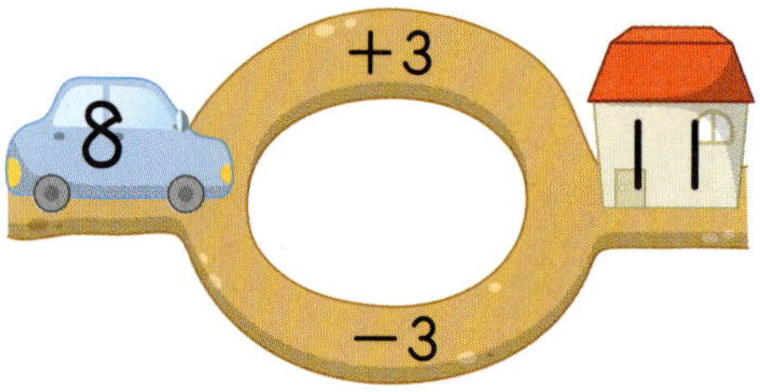

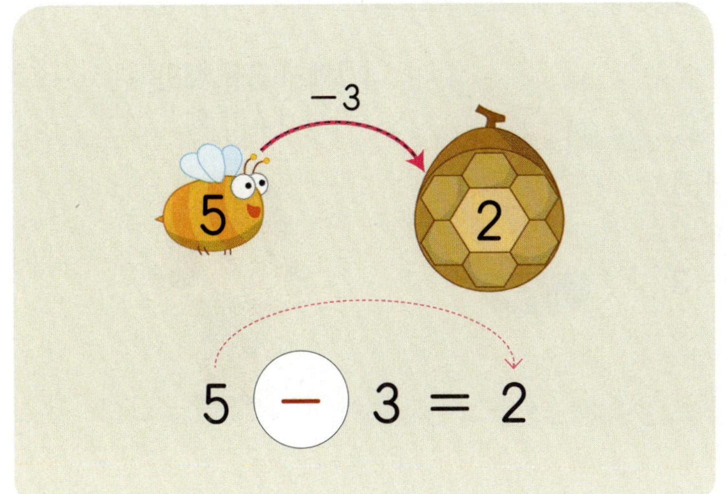


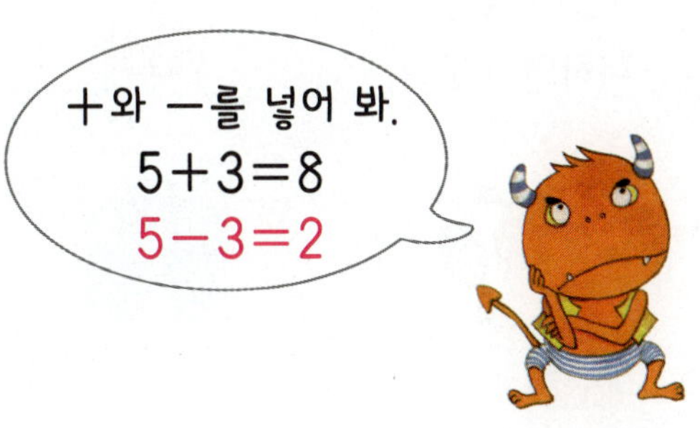


8 ◯ 3 = 5      3 ◯ 3 = 6

5 ◯ 3 = 8      7 ◯ 3 = 4

4 ◯ 3 = 1      6 ◯ 3 = 9

10 ◯ 3 = 7      9 ◯ 3 = 12

🌳 ◯ 안에는 + 또는 −를 쓰고 ▢ 안에는 알맞은 수를 쓰세요.

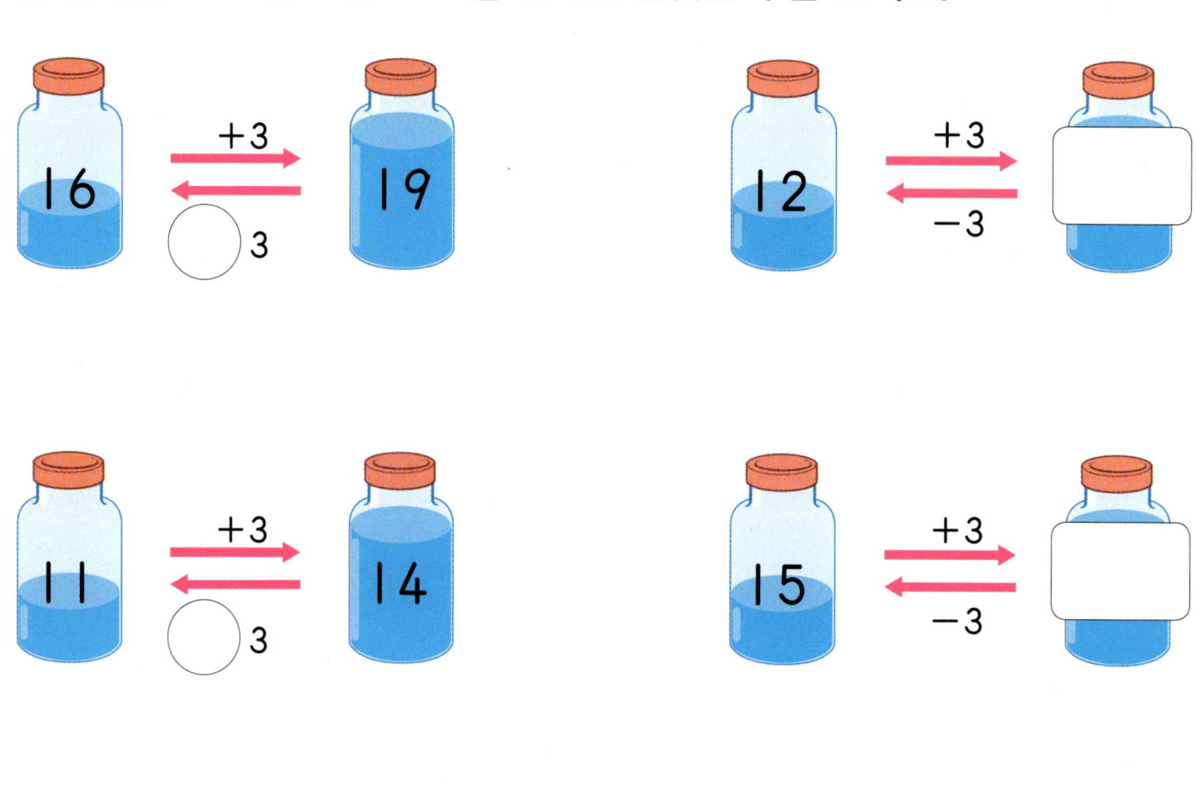


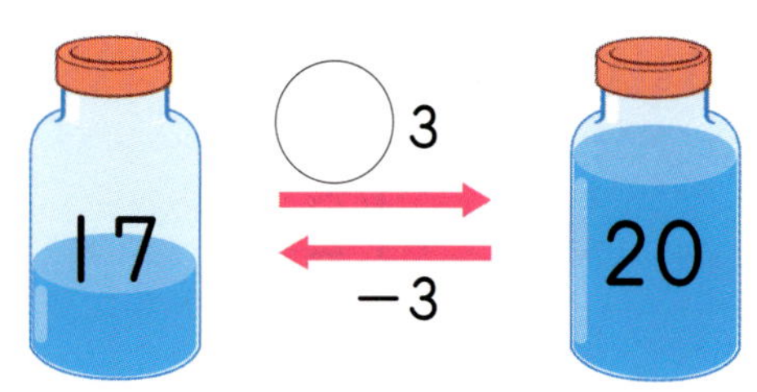


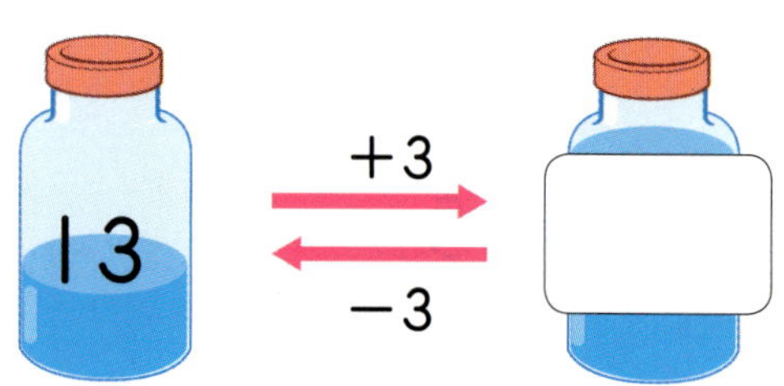

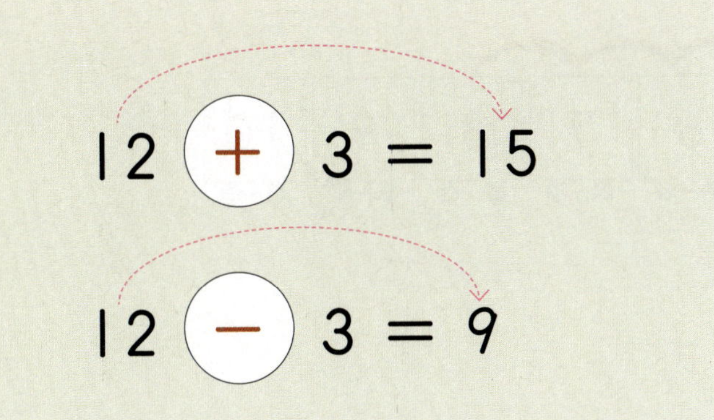

$$12 \; \boxed{+} \; 3 = 15$$

$$12 \; \boxed{-} \; 3 = 9$$

$11 \; \bigcirc \; 3 = 8$         $14 \; \bigcirc \; 3 = 17$

$18 \; \bigcirc \; 3 = 15$         $13 \; \bigcirc \; 3 = 16$

$17 \; \bigcirc \; 3 = 14$         $20 \; \bigcirc \; 3 = 17$

$16 \; \bigcirc \; 3 = 19$         $15 \; \bigcirc \; 3 = 12$

# 무엇을 배웠을까요

🌲 색칠된 칸에서 거꾸로 3칸 뛴 수에 ◯표 하고 뺄셈을 하세요.

$$8 - 3 = \boxed{\phantom{0}}$$

🌲 빈 곳에 알맞은 수를 쓰고 뺄셈을 하세요.

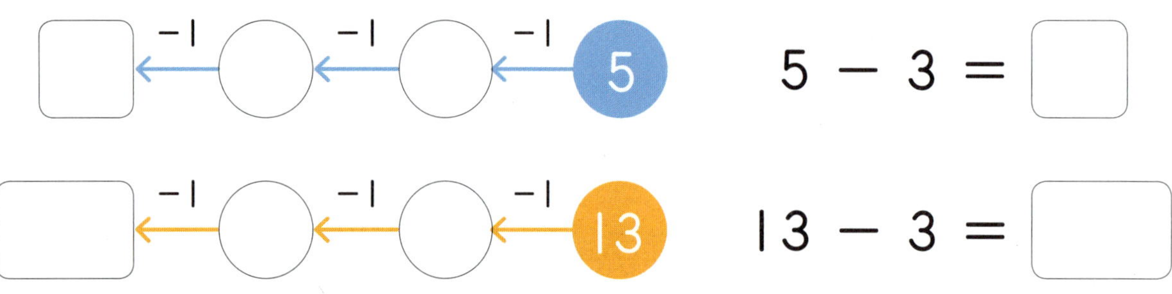

$$5 - 3 = \boxed{\phantom{0}}$$

$$13 - 3 = \boxed{\phantom{0}}$$

🌲 그림을 보고 뺄셈을 하세요.

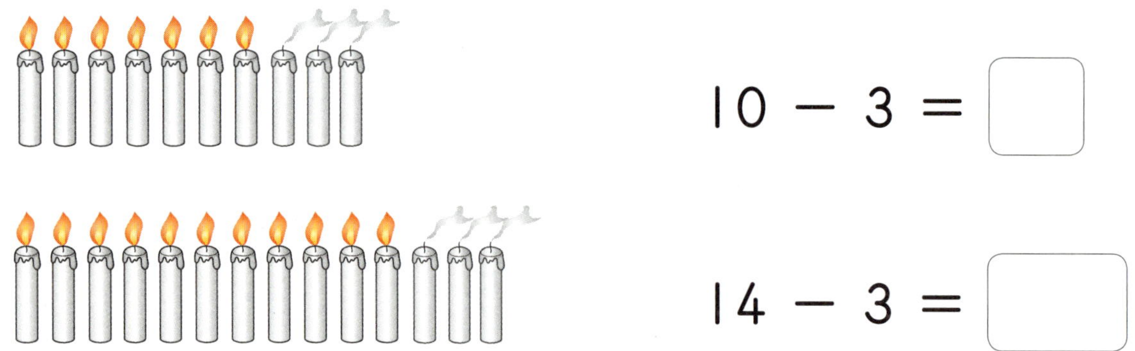

$$10 - 3 = \boxed{\phantom{0}}$$

$$14 - 3 = \boxed{\phantom{0}}$$

🌲 빈 곳에 알맞은 수를 쓰세요.

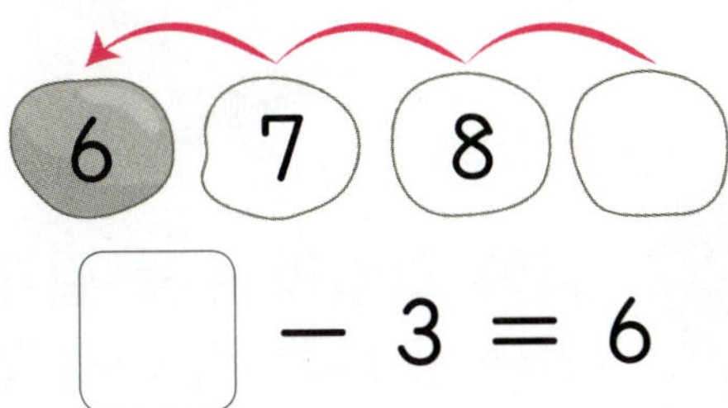

$$\boxed{\phantom{0}} - 3 = 6$$

$$\boxed{\phantom{0}} - 3 = 15$$

🌲 덧셈과 뺄셈을 하세요.

$$4 + 3 = \boxed{\phantom{0}}$$
$$4 - 3 = \boxed{\phantom{0}}$$

$$16 + 3 = \boxed{\phantom{0}}$$
$$16 - 3 = \boxed{\phantom{0}}$$

🌲 ◯ 안에 + 또는 −를 쓰세요.

$$4 \bigcirc 3 = 7$$

$$19 \bigcirc 3 = 16$$

🌲 덧셈과 뺄셈을 하세요.

$$\begin{array}{r} 1\ 0 \\ +\ \ 3 \\ \hline \boxed{\phantom{00}} \end{array}$$

$$\begin{array}{r} 7 \\ -\ 3 \\ \hline \boxed{\phantom{00}} \end{array}$$

$$\begin{array}{r} 1\ 7 \\ -\ \ 3 \\ \hline \boxed{\phantom{00}} \end{array}$$

# 연산력 게임

QR코드를 찍으면 다양한 연산 게임을 할 수 있어요.

## 양쪽을 똑같이 맞춰요

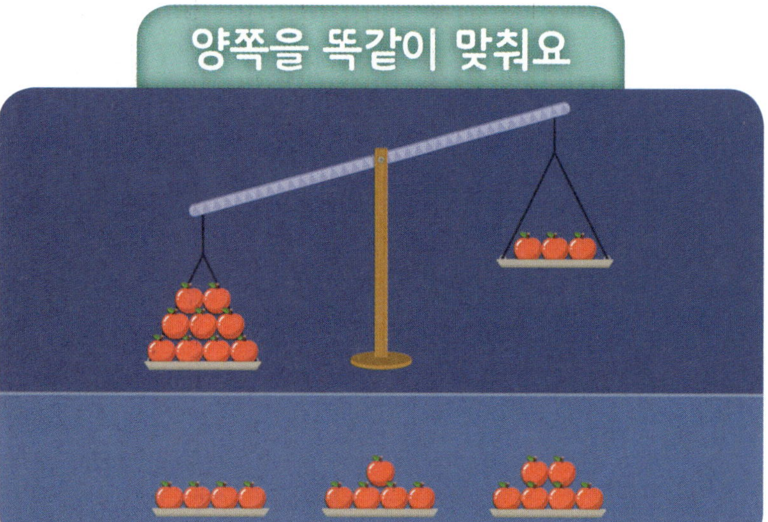

양쪽 과일의 수를 같게 하려면 오른쪽 접시에 몇 개 더 올려야 할까요?

아래쪽에서 알맞은 접시를 찾아 손가락으로 끌어서 저울의 오른쪽에 올리세요. 6개가 담긴 접시를 올리면 정답입니다.

뺄셈을 하여 빈 곳에 들어갈 블록을 찾아볼까요?

아래쪽에서 알맞은 수를 찾아 손가락으로 끌어서 빈 곳에 넣으세요.
14를 넣으면 정답입니다.

## 블록 맞추기

관련 쪽수: 6~27쪽

❖ 덧셈을 하세요.

$1 + 2 = \boxed{\phantom{00}}$      $3 + 2 = \boxed{\phantom{00}}$

$5 + 2 = \boxed{\phantom{00}}$      $8 + 2 = \boxed{\phantom{00}}$

$10 + 2 = \boxed{\phantom{00}}$      $6 + 2 = \boxed{\phantom{00}}$

$2 + 2 = \boxed{\phantom{00}}$      $9 + 2 = \boxed{\phantom{00}}$

$2 + 12 = \boxed{\phantom{00}}$      $2 + 15 = \boxed{\phantom{00}}$

$2 + 16 = \boxed{\phantom{00}}$      $2 + 10 = \boxed{\phantom{00}}$

$2 + 7 = \boxed{\phantom{00}}$      $2 + 13 = \boxed{\phantom{00}}$

❖ ⬜ 안에 알맞은 수를 쓰세요.

$\boxed{\phantom{0}} + 2 = 3$

$\boxed{\phantom{0}} + 2 = 10$

$\boxed{\phantom{0}} + 2 = 16$

$\boxed{\phantom{0}} + 2 = 13$

$\boxed{\phantom{0}} + 2 = 5$

$\boxed{\phantom{0}} + 2 = 14$

$\boxed{\phantom{0}} + 2 = 9$

$\boxed{\phantom{0}} + 2 = 12$

$2 + \boxed{\phantom{0}} = 19$

$2 + \boxed{\phantom{0}} = 10$

$2 + \boxed{\phantom{0}} = 8$

$2 + \boxed{\phantom{0}} = 15$

$2 + \boxed{\phantom{0}} = 17$

$2 + \boxed{\phantom{0}} = 11$

관련 쪽수: 30~51쪽

❖ 덧셈을 하세요.

$1 + 3 =$ ☐  $2 + 3 =$ ☐

$5 + 3 =$ ☐  $4 + 3 =$ ☐

$9 + 3 =$ ☐  $10 + 3 =$ ☐

$11 + 3 =$ ☐  $14 + 3 =$ ☐

$17 + 3 =$ ☐  $3 + 3 =$ ☐

$12 + 3 =$ ☐  $15 + 3 =$ ☐

$6 + 3 =$ ☐  $7 + 3 =$ ☐

❖ ☐ 안에 알맞은 수를 쓰세요.

☐ + 3 = 6

☐ + 3 = 9

☐ + 3 = 5

☐ + 3 = 11

☐ + 3 = 13

☐ + 3 = 12

☐ + 3 = 7

☐ + 3 = 14

3 + ☐ = 18

3 + ☐ = 17

3 + ☐ = 14

3 + ☐ = 4

3 + ☐ = 10

3 + ☐ = 15

❖ 뺄셈을 하세요.

$5 - 2 = \boxed{\phantom{0}}$     $7 - 2 = \boxed{\phantom{0}}$

$4 - 2 = \boxed{\phantom{0}}$     $9 - 2 = \boxed{\phantom{0}}$

$13 - 2 = \boxed{\phantom{0}}$     $17 - 2 = \boxed{\phantom{0}}$

$16 - 2 = \boxed{\phantom{0}}$     $19 - 2 = \boxed{\phantom{0}}$

❖ ☐ 안에 알맞은 수를 쓰세요.

$\boxed{\phantom{0}} - 2 = 5$     $\boxed{\phantom{0}} - 2 = 3$

$\boxed{\phantom{0}} - 2 = 4$     $\boxed{\phantom{0}} - 2 = 7$

$\boxed{\phantom{0}} - 2 = 12$     $\boxed{\phantom{0}} - 2 = 16$

$\boxed{\phantom{0}} - 2 = 14$     $\boxed{\phantom{0}} - 2 = 18$

❖ 덧셈과 뺄셈을 하세요.

$$\begin{array}{r} 5 \\ +\ 2 \\ \hline \square \end{array} \qquad \begin{array}{r} 7 \\ -\ 2 \\ \hline \square \end{array} \qquad \begin{array}{r} 9 \\ -\ 2 \\ \hline \square \end{array}$$

$$\begin{array}{r} 8 \\ +\ 2 \\ \hline \square \end{array} \qquad \begin{array}{r} 13 \\ -\ 2 \\ \hline \square \end{array} \qquad \begin{array}{r} 17 \\ +\ 2 \\ \hline \square \end{array}$$

$$\begin{array}{r} 15 \\ -\ 2 \\ \hline \square \end{array} \qquad \begin{array}{r} 18 \\ +\ 2 \\ \hline \square \end{array} \qquad \begin{array}{r} 19 \\ -\ 2 \\ \hline \square \end{array}$$

❖ ◯ 안에 + 또는 −를 쓰세요.

$$7 \bigcirc 2 = 9 \qquad\qquad 8 \bigcirc 2 = 6$$

$$18 \bigcirc 2 = 16 \qquad\qquad 15 \bigcirc 2 = 17$$

# 20까지의 빼기 3

관련 쪽수: 78~99쪽

❖ 뺄셈을 하세요.

$8 - 3 = \boxed{\phantom{0}}$    $6 - 3 = \boxed{\phantom{0}}$

$11 - 3 = \boxed{\phantom{0}}$    $9 - 3 = \boxed{\phantom{0}}$

$14 - 3 = \boxed{\phantom{0}}$    $16 - 3 = \boxed{\phantom{0}}$

$19 - 3 = \boxed{\phantom{0}}$    $20 - 3 = \boxed{\phantom{0}}$

❖ ☐ 안에 알맞은 수를 쓰세요.

$\boxed{\phantom{0}} - 3 = 4$    $\boxed{\phantom{0}} - 3 = 2$

$\boxed{\phantom{0}} - 3 = 7$    $\boxed{\phantom{0}} - 3 = 9$

$\boxed{\phantom{0}} - 3 = 14$    $\boxed{\phantom{0}} - 3 = 12$

$\boxed{\phantom{0}} - 3 = 10$    $\boxed{\phantom{0}} - 3 = 15$

## 43 바꾸어 더하기

태경이는 두 가지 색깔의 상자를 서로 다른 방법으로 놓았어요.

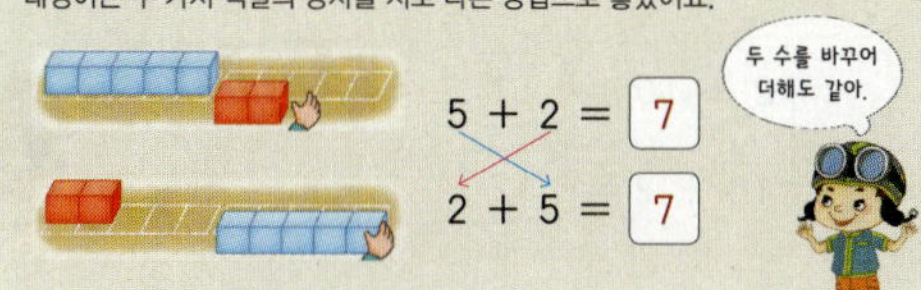


$5 + 2 = \boxed{7}$

$2 + 5 = \boxed{7}$

🍀 바꾸어 더하려고 해요. 개수를 세어 덧셈을 하세요.

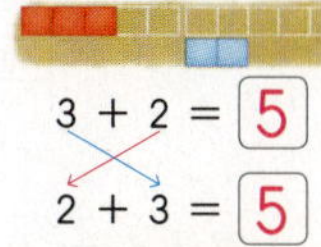

$3 + 2 = \boxed{5}$

$2 + 3 = \boxed{5}$

$4 + 2 = \boxed{6}$

$2 + 4 = \boxed{6}$

$6 + 2 = \boxed{8}$

$2 + 6 = \boxed{8}$

$7 + 2 = \boxed{9}$

$2 + 7 = \boxed{9}$

🍀 덧셈을 하세요.

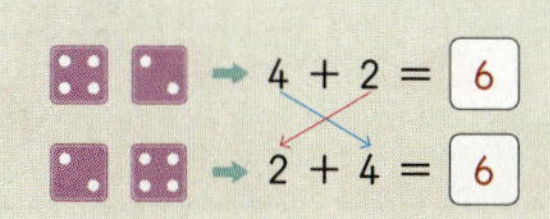

$4 + 2 = \boxed{6}$

$2 + 4 = \boxed{6}$

$1 + 2 = \boxed{3}$

$2 + 1 = \boxed{3}$

$6 + 2 = \boxed{8}$

$2 + 6 = \boxed{8}$

$7 + 2 = \boxed{9}$

$2 + 7 = \boxed{9}$

$5 + 2 = \boxed{7}$

$2 + 5 = \boxed{7}$

$8 + 2 = \boxed{10}$

$2 + 8 = \boxed{10}$

$3 + 2 = \boxed{5}$

$2 + 3 = \boxed{5}$



---



태경이는 바나나를 거울에 비추어 보았어요.

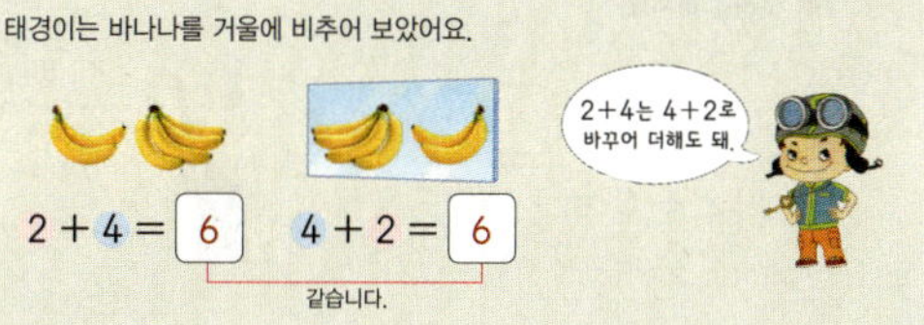


$2 + 4 = \boxed{6}$    $4 + 2 = \boxed{6}$

같습니다.

🍀 덧셈을 하세요.

$2 + 15 = \boxed{17}$

$15 + 2 = \boxed{17}$

$2 + 10 = \boxed{12}$

$10 + 2 = \boxed{12}$

$2 + 17 = \boxed{19}$

$17 + 2 = \boxed{19}$

$2 + 13 = \boxed{15}$

$13 + 2 = \boxed{15}$

$2 + 11 = \boxed{13}$

$11 + 2 = \boxed{13}$

$2 + 16 = \boxed{18}$

$16 + 2 = \boxed{18}$



🍀 덧셈을 하세요.

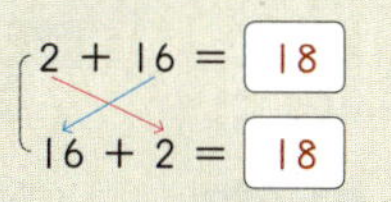

$2 + 16 = \boxed{18}$

$16 + 2 = \boxed{18}$

$2 + 1 = \boxed{3}$

$1 + 2 = \boxed{3}$

$2 + 7 = \boxed{9}$

$7 + 2 = \boxed{9}$

$2 + 13 = \boxed{15}$

$13 + 2 = \boxed{15}$

$2 + 15 = \boxed{17}$

$15 + 2 = \boxed{17}$

$2 + 14 = \boxed{16}$

$14 + 2 = \boxed{16}$

$2 + 18 = \boxed{20}$

$18 + 2 = \boxed{20}$

정답  **3**

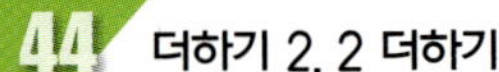

## 18 · 19

### 44 더하기 2, 2 더하기

지오는 집 앞에 있는 꽃의 수를 세어 보고 있어요.

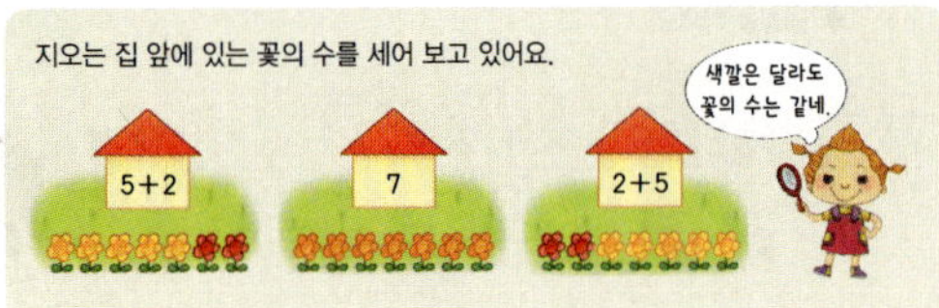


🌱 서로 관계있는 것끼리 선으로 이으세요.

| 14 + 2 | 17 | 2 + 11 |
| 11 + 2 | 16 | 2 + 14 |
| 15 + 2 | 13 | 2 + 15 |

| 10 + 2 | 12 | 2 + 9 |
| 7 + 2 | 11 | 2 + 7 |
| 9 + 2 | 9 | 2 + 10 |

| 13 + 2 | 18 | 2 + 17 |
| 17 + 2 | 19 | 2 + 16 |
| 16 + 2 | 15 | 2 + 13 |

🌱 덧셈을 하세요.

$$2 + 10 = 12$$
$$10 + 2 = 12$$

$$4 + 2 = 6 \qquad 6 + 2 = 8$$
$$2 + 4 = 6 \qquad 2 + 6 = 8$$

$$2 + 7 = 9 \qquad 2 + 4 = 6$$
$$7 + 2 = 9 \qquad 4 + 2 = 6$$

$$11 + 2 = 13 \qquad 15 + 2 = 17$$
$$2 + 11 = 13 \qquad 2 + 15 = 17$$



## 20 · 21

태경이는 T 모양 퍼즐을 풀고 있어요.

🌱 빈칸에 알맞은 수를 쓰세요.

12 + 2 = 14
12
14

🌱 덧셈을 하세요.

$$2 + 12 = 14$$
$$12 + 2 = 14$$

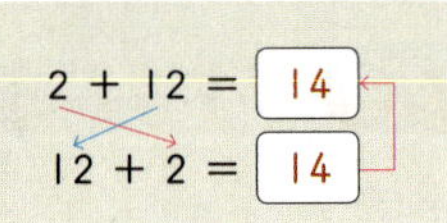

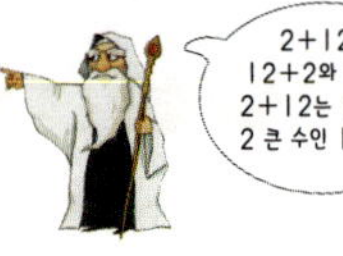


$$2 + 6 = 8 \qquad 2 + 5 = 7$$

$$2 + 7 = 9 \qquad 2 + 9 = 11$$

$$2 + 18 = 20 \qquad 2 + 11 = 13$$

$$2 + 13 = 15 \qquad 2 + 16 = 18$$

공부한 날
월
일

## 45 ☐가 있는 더하기 2

태경이와 친구들이 순서대로 번호판을 들고 있어요.

🌱 빈 곳에 알맞은 수를 쓰세요.

☐2 + 2 = 4


☐5 + 2 = 7


☐9 + 2 = 11

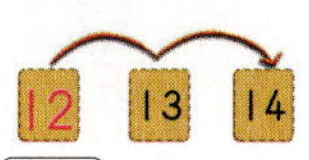

☐12 + 2 = 14

🌱 ☐안에 알맞은 수를 쓰세요.

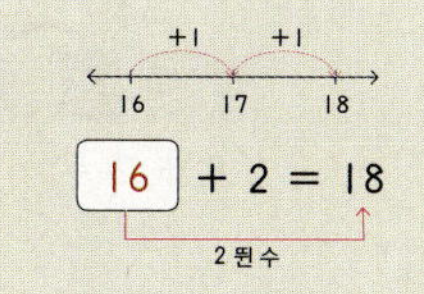

☐16 + 2 = 18
2 뛴 수

☐7 + 2 = 9
2 뛴 수


☐8 + 2 = 10
2 뛴 수

☐3 + 2 = 5   ☐4 + 2 = 6

☐10 + 2 = 12   ☐14 + 2 = 16

☐15 + 2 = 17   ☐13 + 2 = 15




---



지오는 블록의 수로 덧셈을 하고 있어요.

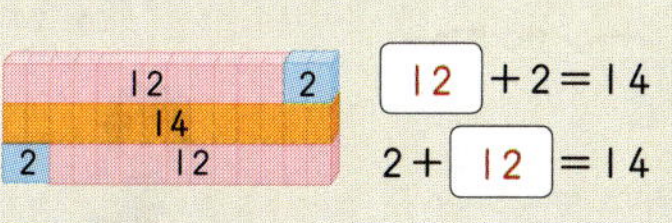


🌱 ☐안에 알맞은 수를 쓰세요.

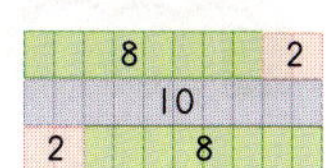

☐8 + 2 = 10
2 + ☐8 = 10

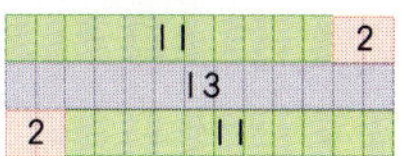

☐11 + 2 = 13
2 + ☐11 = 13

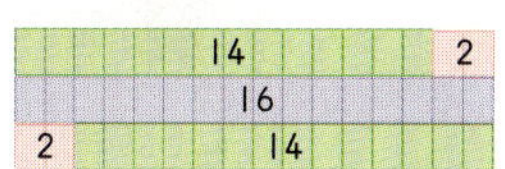

☐14 + 2 = 16
2 + ☐14 = 16

🌱 ☐안에 알맞은 수를 쓰세요.

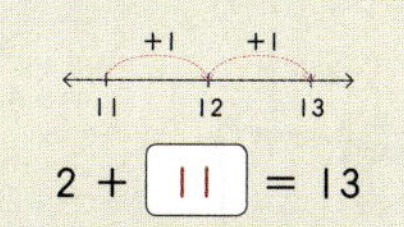

2 + ☐11 = 13

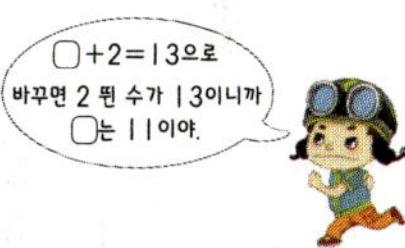



2 + ☐3 = 5


2 + ☐9 = 11

2 + ☐7 = 9   2 + ☐2 = 4

2 + ☐17 = 19   2 + ☐15 = 17

2 + ☐16 = 18   2 + ☐18 = 20

공부한 날
월
일




정답  **5**

## 무엇을 배웠을까요

**26 · 27**

🌲 덧셈을 하세요.

5 6 7 8 9
6 + 2 = 8

6 7 8 9 10
8 + 2 = 10

🌲 구슬을 모두 세어 덧셈을 하세요.

5 + 2 = 7

8 + 2 = 10

🌲 덧셈을 하세요.

14 + 2 = 16

17 + 2 = 19

🌲 개수를 세어 덧셈을 하세요.

2 + 5 = 7
5 + 2 = 7

🌲 바꾸어 더해도 계산 결과는 같아요. ☐ 안에 알맞은 수를 쓰세요.

2 + 14 = 16
14 + 2 = 16

2 + 12 = 14
12 + 2 = 14

🌲 서로 관계있는 것끼리 선으로 이으세요.

11 + 2 — 13 — 2 + 13
13 + 2 — 15 — 2 + 15
15 + 2 — 17 — 2 + 11

🌲 빈칸에 알맞은 수를 쓰세요.

7 + 2 = 9
+
7
=
9

13 + 2 = 15
+
13
=
15

🌲 ☐ 안에 알맞은 수를 쓰세요.

12 + 2 = 14

2 + 11 = 13




---

## 46 더하기 3은 3 뛴 수

**30 · 31**

지오가 블록을 이용하여 더하기 3을 공부하고 있어요.

$11 + 3 = \boxed{14}$

🌱 ☐ 안에 알맞은 수를 쓰세요.

$10 + 3 = \boxed{13}$

$13 + 3 = \boxed{16}$

$14 + 3 = \boxed{17}$

$16 + 3 = \boxed{19}$

🌱 ☐ 안에 알맞은 수를 쓰세요.

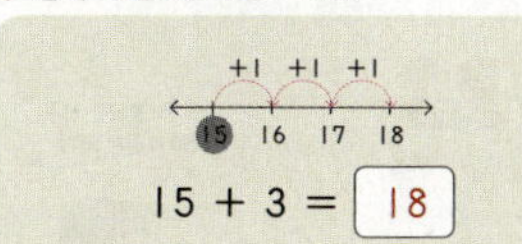

$15 + 3 = \boxed{18}$

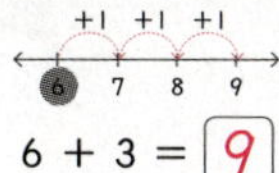

$6 + 3 = \boxed{9}$     $2 + 3 = \boxed{5}$

$8 + 3 = \boxed{11}$     $17 + 3 = \boxed{20}$

$10 + 3 = \boxed{13}$     $16 + 3 = \boxed{19}$

$15 + 3 = \boxed{18}$     $12 + 3 = \boxed{15}$



---



## 47 더하기 3은 3 큰 수

2명이 놀고 있는데 3명의 친구가 더 왔어요.



$2 + 3 = \boxed{5}$

🌱 친구들을 세어 보고 덧셈을 하세요.

$\boxed{5} + \boxed{3} = \boxed{8}$

$\boxed{1} + \boxed{3} = \boxed{4}$

$\boxed{8}$

$\boxed{4}$

$\boxed{6} + \boxed{3} = \boxed{9}$

$\boxed{7} + \boxed{3} = \boxed{10}$

$\boxed{9}$     $\boxed{10}$

🌱 붙임 딱지 🔴를 3장 붙이고 덧셈을 하세요. ➡ 책 앞에 있는 붙임 딱지를 사용하세요.

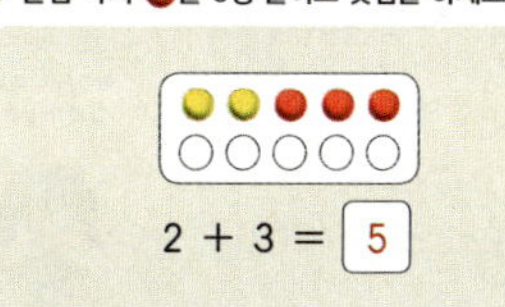



$2 + 3 = \boxed{5}$

$5 + 3 = \boxed{8}$     $3 + 3 = \boxed{6}$

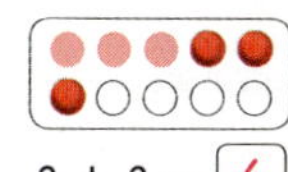

$6 + 3 = \boxed{9}$     $7 + 3 = \boxed{10}$

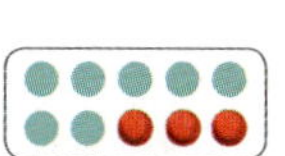
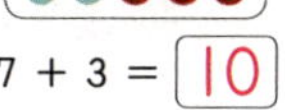

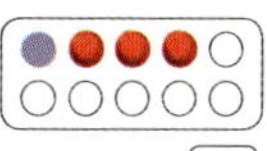
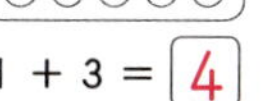
$1 + 3 = \boxed{4}$     $4 + 3 = \boxed{7}$

## 36 · 37

친구들이 블록을 이용해서 더하기 3을 공부하고 있어요.

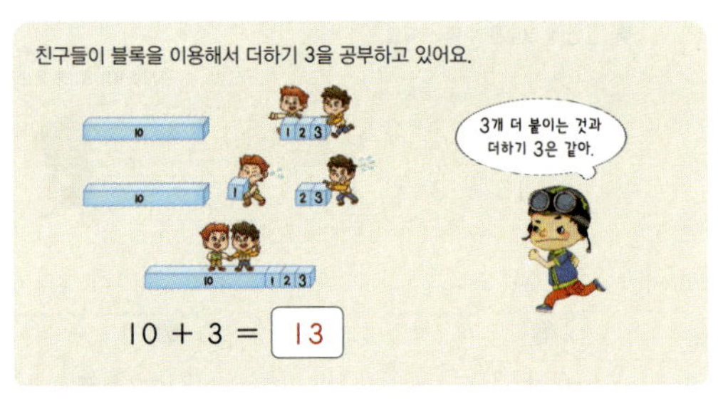


$10 + 3 = 13$

붙임 딱지 를 3장 붙이고 덧셈을 하세요. ➡ 책 앞에 있는 붙임 딱지를 사용하세요.

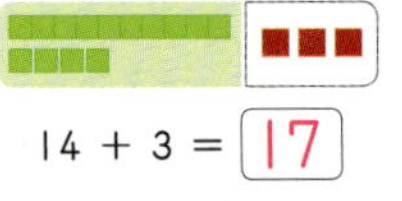
$14 + 3 = 17$

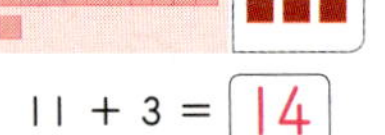
$11 + 3 = 14$

$12 + 3 = 15$

$16 + 3 = 19$

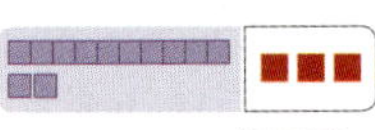
$13 + 3 = 16$

$15 + 3 = 18$

덧셈을 하세요.

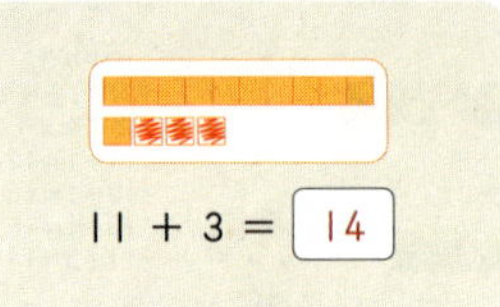
$11 + 3 = 14$

$13 + 3 = 16$     $8 + 3 = 11$

$10 + 3 = 13$     $16 + 3 = 19$

$17 + 3 = 20$     $12 + 3 = 15$

$15 + 3 = 18$     $14 + 3 = 17$



---

## 48 바꾸어 더하기

## 38 · 39

태경이는 2가지 색깔의 상자를 서로 다른 방법으로 놓았어요.

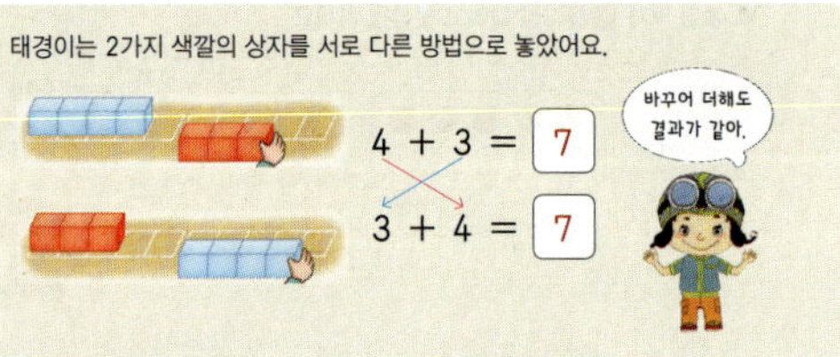

$4 + 3 = 7$

$3 + 4 = 7$



덧셈을 하세요.

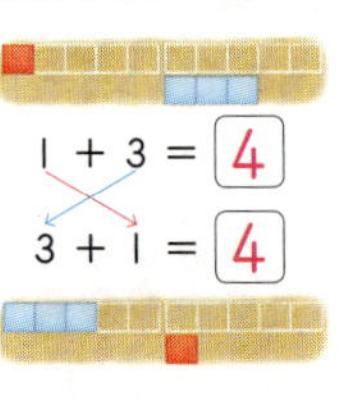
$1 + 3 = 4$
$3 + 1 = 4$

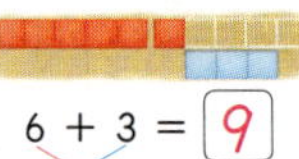
$6 + 3 = 9$
$3 + 6 = 9$

$5 + 3 = 8$
$3 + 5 = 8$

$7 + 3 = 10$
$3 + 7 = 10$

덧셈을 하세요.

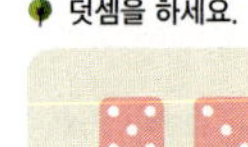
$5 + 3 = 8$
$3 + 5 = 8$

$2 + 3 = 5$
$3 + 2 = 5$     $6 + 3 = 9$
$3 + 6 = 9$

$4 + 3 = 7$
$3 + 4 = 7$     $1 + 3 = 4$
$3 + 1 = 4$

$5 + 3 = 8$
$3 + 5 = 8$     $7 + 3 = 10$
$3 + 7 = 10$

2가지 방법으로 덧셈을 계산하려고 해요.

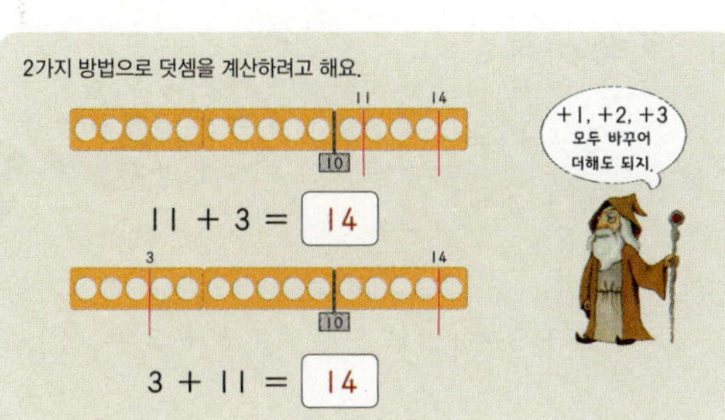



$11 + 3 = \boxed{14}$

$3 + 11 = \boxed{14}$

● 덧셈을 하세요.

$15 + 3 = \boxed{18}$

$3 + 15 = \boxed{18}$

$13 + 3 = \boxed{16}$

$3 + 13 = \boxed{16}$

$14 + 3 = \boxed{17}$

$3 + 14 = \boxed{17}$



● 덧셈을 하세요.

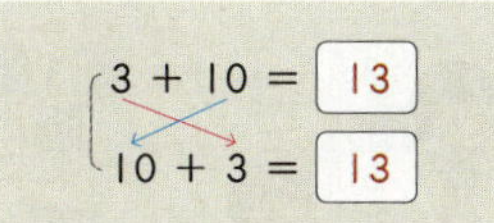

$3 + 10 = \boxed{13}$

$10 + 3 = \boxed{13}$

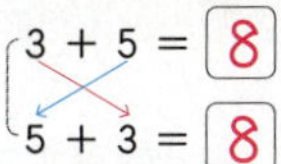



$3 + 5 = \boxed{8}$

$5 + 3 = \boxed{8}$

$3 + 8 = \boxed{11}$

$8 + 3 = \boxed{11}$

$3 + 1 = \boxed{4}$

$1 + 3 = \boxed{4}$

$3 + 6 = \boxed{9}$

$6 + 3 = \boxed{9}$

$3 + 16 = \boxed{19}$

$16 + 3 = \boxed{19}$

$3 + 17 = \boxed{20}$

$17 + 3 = \boxed{20}$



---



## 49 더하기 3, 3 더하기

색칠된 칸의 수가 되는 덧셈식이 있는 벌집을 찾으려고 해요.

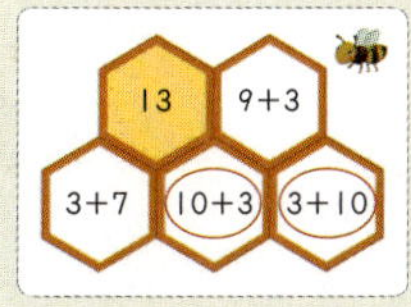

$10 + 3 = 13$

$3 + 10 = 13$

● 색칠한 칸의 수가 되는 덧셈식을 모두 찾아 ◯표 하세요.

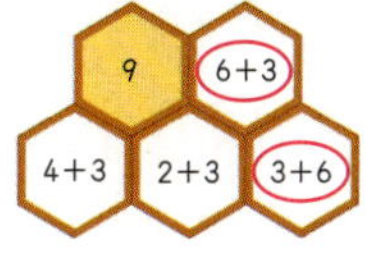
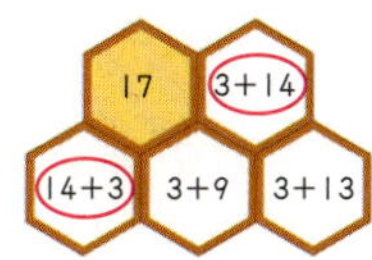

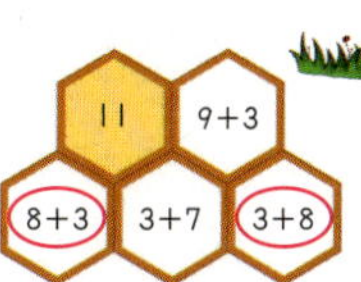
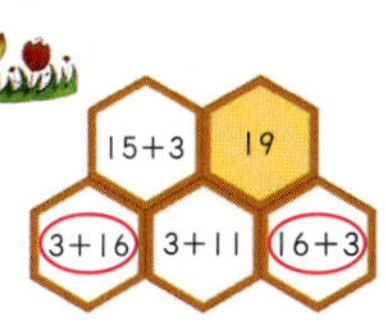



● 덧셈을 하세요.

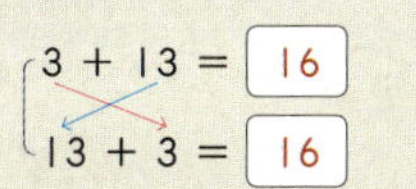

$3 + 13 = \boxed{16}$

$13 + 3 = \boxed{16}$

$1 + 3 = \boxed{4}$

$3 + 1 = \boxed{4}$

$3 + 7 = \boxed{10}$

$7 + 3 = \boxed{10}$

$3 + 4 = \boxed{7}$

$4 + 3 = \boxed{7}$

$11 + 3 = \boxed{14}$

$3 + 11 = \boxed{14}$

$3 + 9 = \boxed{12}$

$9 + 3 = \boxed{12}$

$15 + 3 = \boxed{18}$

$3 + 15 = \boxed{18}$

태경이는 T 모양 퍼즐을 풀고 있어요.

6 + 3 = 9

3
+
6
=
9

옆으로
더해도
9!

아래로
더해도
9!

6 + 3 = 9
+
6
=
9

● 빈칸에 알맞은 수를 쓰세요.

5 + 3 = 8
+
5
=
8

8 + 3 = 11
+
8
=
11

15 + 3 = 18
+
15
=
18

12 + 3 = 15
+
12
=
15

● 덧셈을 하세요.

3 + 11 = 14
11 + 3 = 14

3+11은 11+3과
같아. 자신이 편리한 방법으로
계산하면 돼.
이젠 나도 알겠어.

2 + 3 = 5

6 + 3 = 9

3 + 7 = 10

3 + 4 = 7

16 + 3 = 19

14 + 3 = 17

3 + 9 = 12

3 + 13 = 16

공부한 날

월

일

50 ☐가 있는 더하기 3

숫자가 수건에 가려 보이지 않아요.

5 + 3 = 8

가려져 있는 수에서
3칸 뛰었더니 8이네.
5에서 3칸 뛰면 8인데……

● ☐ 안에 알맞은 수를 쓰세요.

6 + 3 = 9

2 + 3 = 5

8 + 3 = 11

7 + 3 = 10

14 + 3 = 17

10 + 3 = 13

● ☐ 안에 알맞은 수를 쓰세요.

8 9 10 11 12

8 + 3 = 11

☐에서 3 뛴 수가
11 이래. 그럼 난
어디로 뛸까?

1 2 3 4

1 + 3 = 4

2 3 4 5 6

3 + 3 = 6

9 + 3 = 12

6 + 3 = 9

12 + 3 = 15

13 + 3 = 16

17 + 3 = 20

11 + 3 = 14

지오는 빨간색과 초록색의 색연필로 색칠을 했어요.

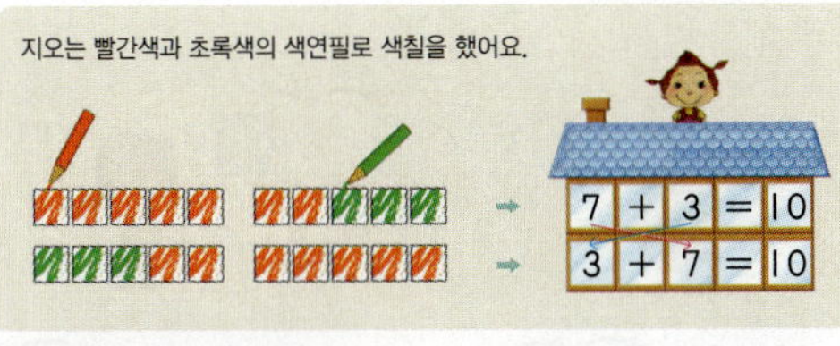

$7 + 3 = 10$
$3 + 7 = 10$

● 빈 곳에 알맞은 수를 쓰세요.

$9 + 3 = 12$
$3 + 9 = 12$

$15 + 3 = 18$
$15 + 15 = 18$

$12 + 3 = 15$
$3 + 12 = 15$

$10 + 3 = 13$
$3 + 10 = 13$



● ☐ 안에 알맞은 수를 쓰세요.

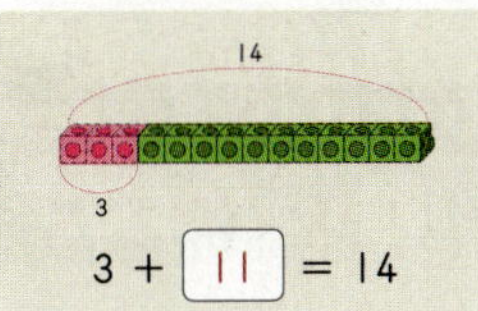

$3 + \boxed{11} = 14$

$\boxed{4} + 3 = 7$    $\boxed{2} + 3 = 5$

$3 + \boxed{9} = 12$    $3 + \boxed{5} = 8$

$\boxed{13} + 3 = 16$    $\boxed{16} + 3 = 19$

$3 + \boxed{10} = 13$    $3 + \boxed{12} = 15$

공부한 날
월
일



---



## 무엇을 배웠을까요

♠ ☐ 안에 알맞은 수를 쓰세요.

2 3 4 5 6
$3 + 3 = \boxed{6}$

4 5 6 7 8
$4 + 3 = \boxed{7}$

♠ ☐ 안에 알맞은 수를 쓰세요.

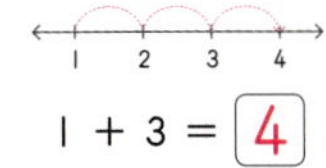

1 2 3 4
$1 + 3 = \boxed{4}$

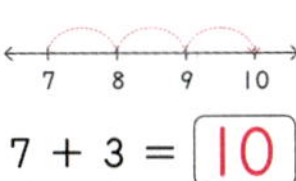

7 8 9 10
$7 + 3 = \boxed{10}$

♠ 3개를 더 색칠하고 덧셈을 하세요.

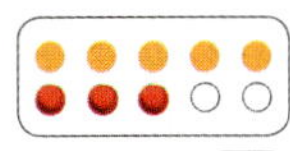

$5 + 3 = \boxed{8}$

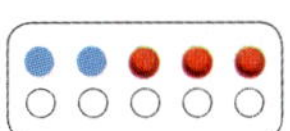

$2 + 3 = \boxed{5}$



♠ 덧셈을 하세요.

$3 + 6 = \boxed{9}$
$6 + 3 = \boxed{9}$

$3 + 12 = \boxed{15}$
$12 + 3 = \boxed{15}$

♠ 빈칸에 알맞은 수를 쓰세요.

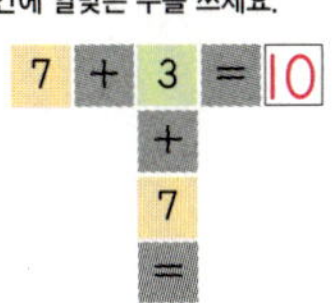

$7 + 3 = \boxed{10}$
$+$
7
$=$
10

$15 + 3 = \boxed{18}$
$+$
15
$=$
18

♠ ☐ 안에 알맞은 수를 쓰세요.

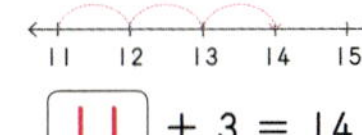

11 12 13 14 15
$\boxed{11} + 3 = 14$

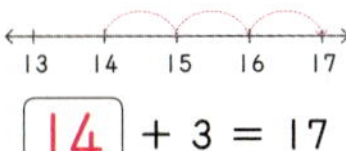

13 14 15 16 17
$\boxed{14} + 3 = 17$

공부한 날
월
일



정답 **11**

## 51 빼기 2는 거꾸로 2 뛴 수

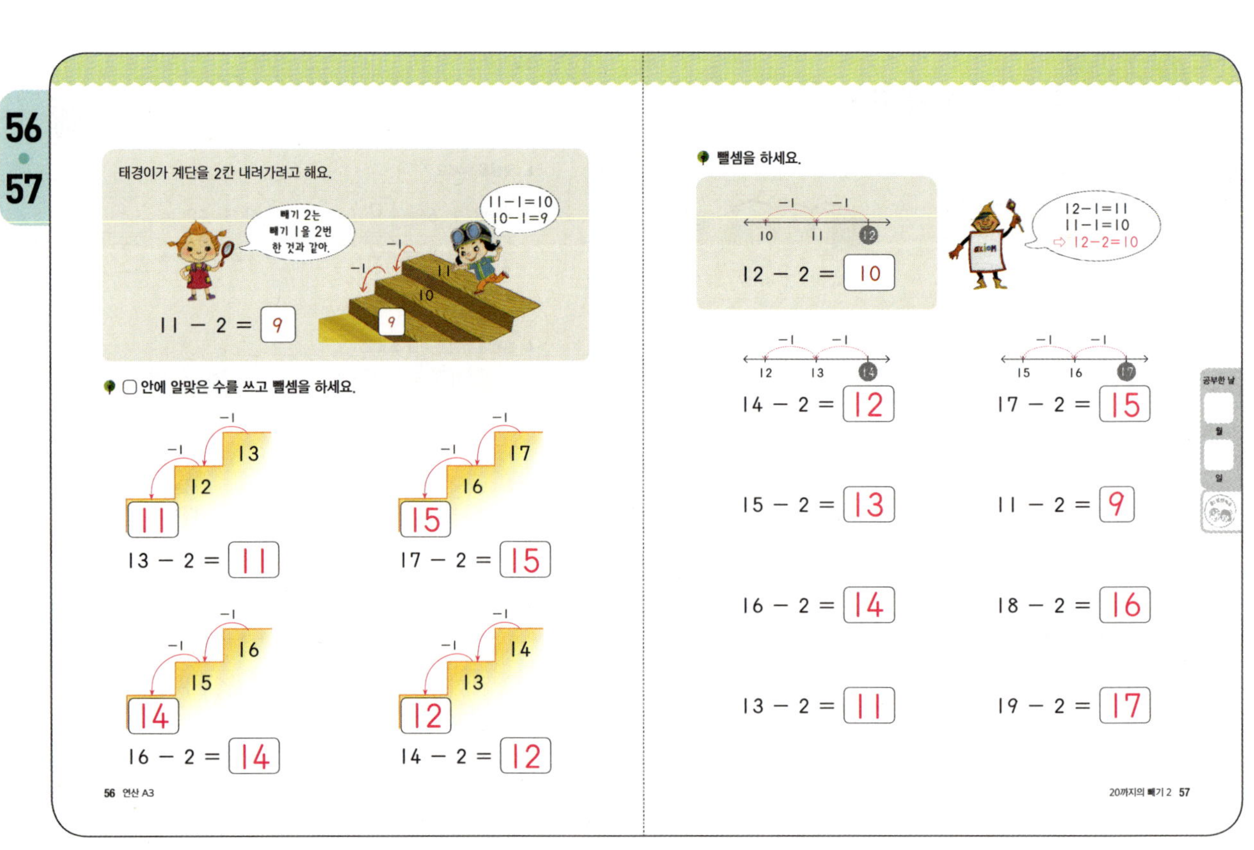

## 52 빼기 2는 2 작은 수

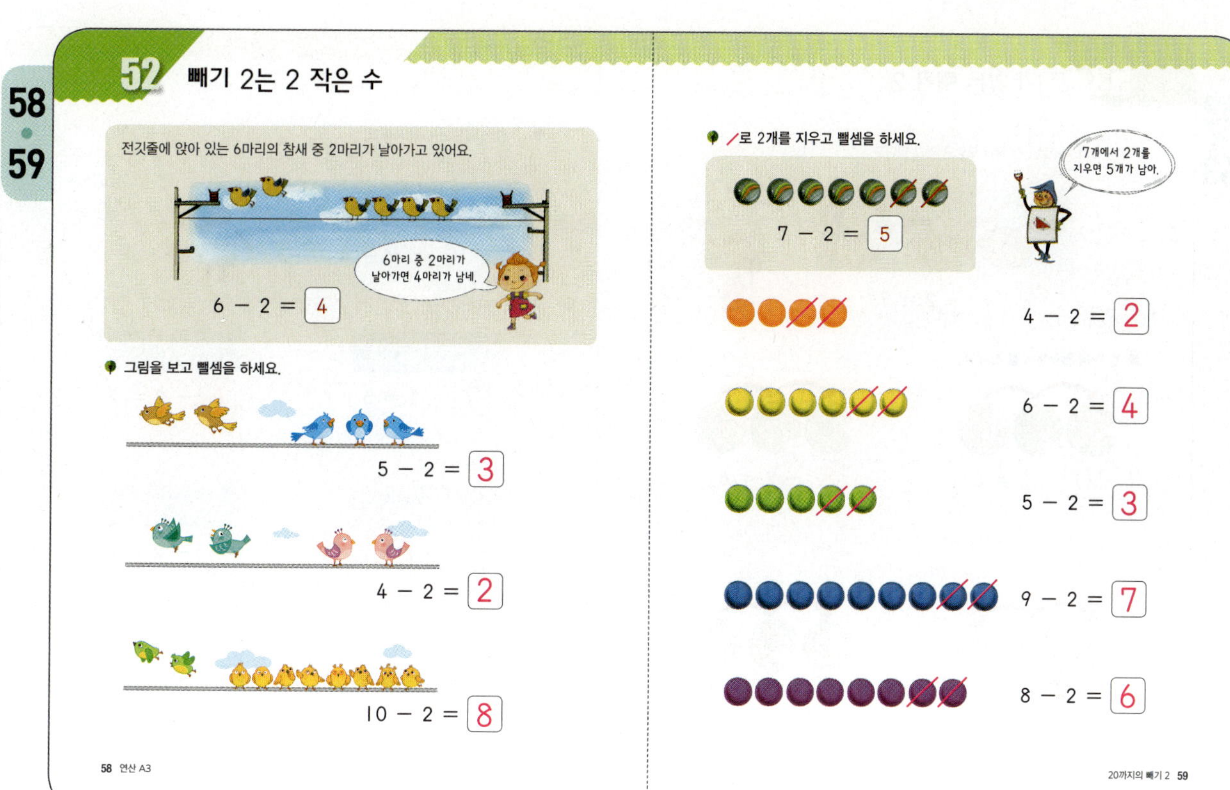






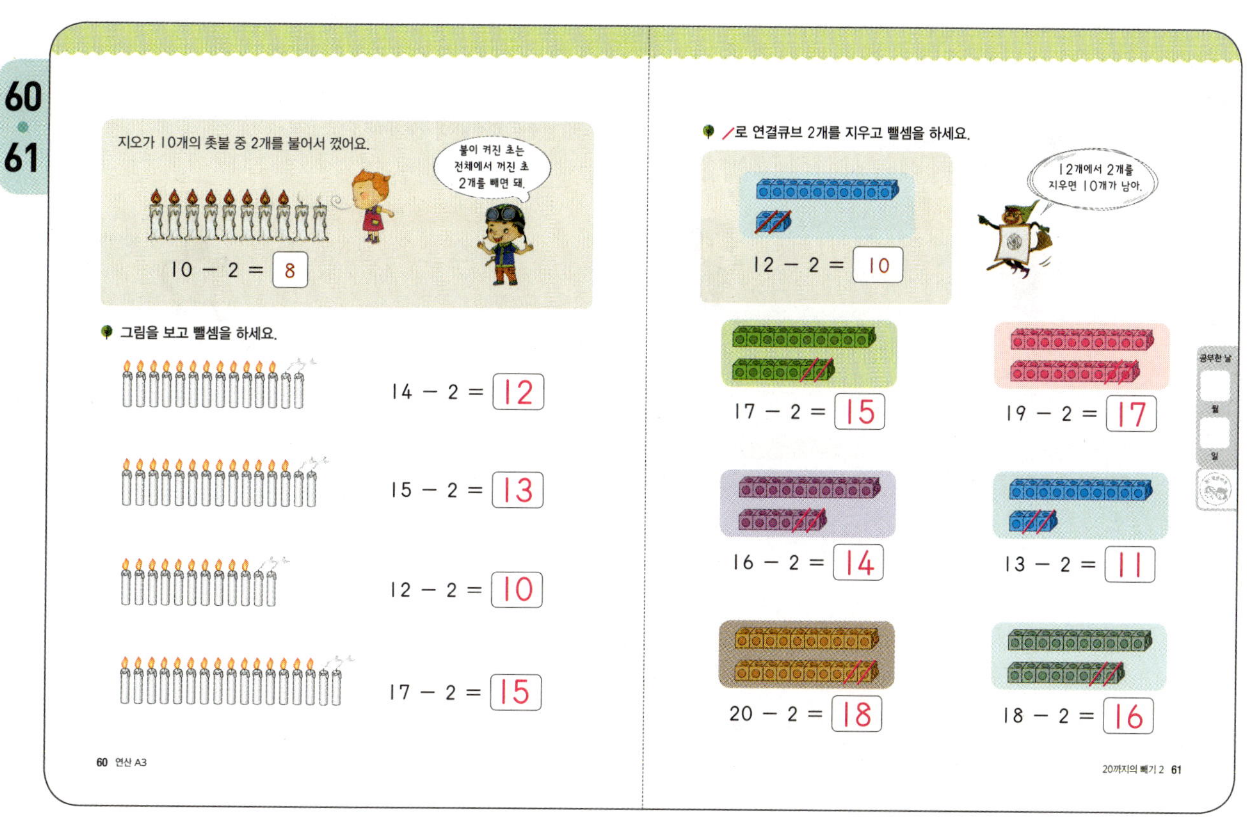




정답 **13**

**62 · 63**

## 53 □가 있는 빼기 2

**64 · 65**

## 54 더하기 2와 빼기 2

□ 안에 알맞은 수를 쓰세요.

덧셈과 뺄셈을 하세요.

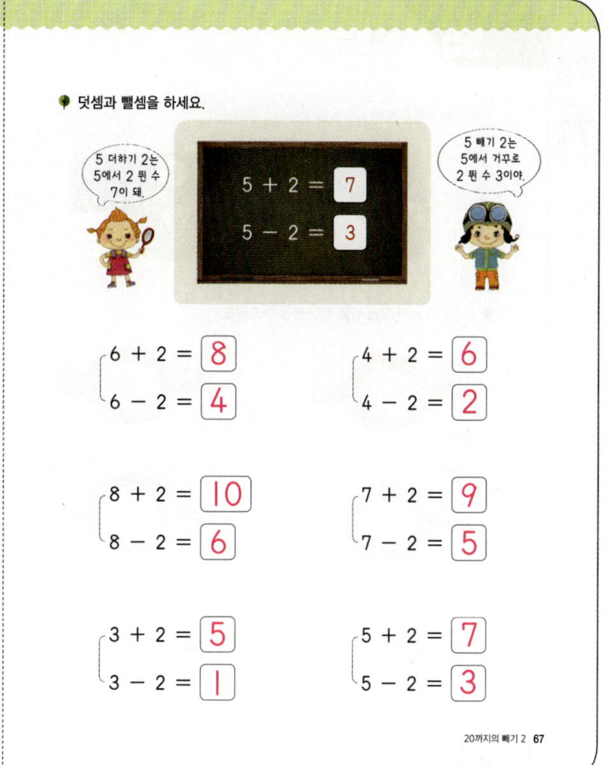


$6 + 2 = 8$
$6 - 2 = 4$

$4 + 2 = 6$
$4 - 2 = 2$

$8 + 2 = 10$
$8 - 2 = 6$

$7 + 2 = 9$
$7 - 2 = 5$

$3 + 2 = 5$
$3 - 2 = 1$

$5 + 2 = 7$
$5 - 2 = 3$




---



지오는 2가지 방법으로 덧셈을 했어요.

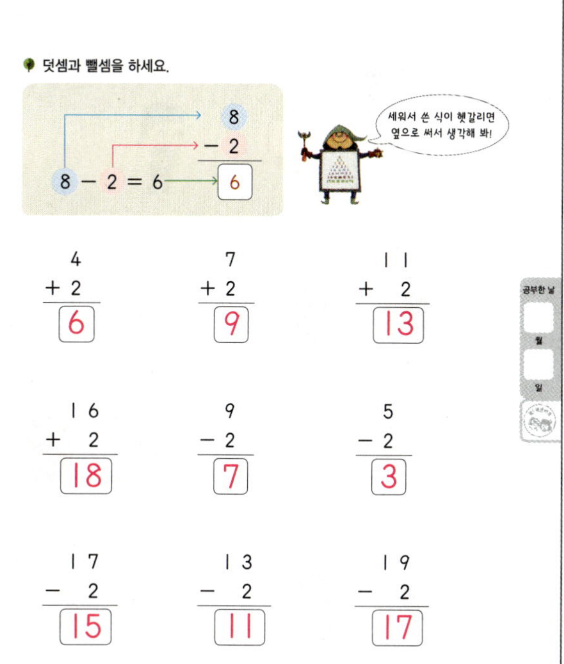


옆으로 쓴 식을 세워서 쓸 수 있어요. 덧셈과 뺄셈을 하세요.



덧셈과 뺄셈을 하세요.

$$\begin{array}{r} 4 \\ + 2 \\ \hline 6 \end{array}$$

$$\begin{array}{r} 7 \\ + 2 \\ \hline 9 \end{array}$$

$$\begin{array}{r} 11 \\ + 2 \\ \hline 13 \end{array}$$

$$\begin{array}{r} 16 \\ + 2 \\ \hline 18 \end{array}$$

$$\begin{array}{r} 9 \\ - 2 \\ \hline 7 \end{array}$$

$$\begin{array}{r} 5 \\ - 2 \\ \hline 3 \end{array}$$

$$\begin{array}{r} 17 \\ - 2 \\ \hline 15 \end{array}$$

$$\begin{array}{r} 13 \\ - 2 \\ \hline 11 \end{array}$$

$$\begin{array}{r} 19 \\ - 2 \\ \hline 17 \end{array}$$

공부한 날
월
일




정답 **15**

## 55 +와 −

**70 · 71**

버스가 갈림길 중 올바른 길을 찾아가고 있어요.



🔵 안의 수가 되는 길을 찾아 선을 그으세요.



🔵 ◯ 안에 + 또는 −를 쓰세요.



5 ⊕ 2 = 7      3 ⊖ 2 = 1

8 ⊖ 2 = 6      8 ⊕ 2 = 10

7 ⊕ 2 = 9      6 ⊕ 2 = 8

7 ⊖ 2 = 5      9 ⊖ 2 = 7

70 연산 A3          20까지의 빼기 2   71

---

**72 · 73**

태경이는 풍선의 크기를 비교하고 있어요.



🔵 ◯ 안에는 + 또는 −를 □ 안에는 알맞은 수를 쓰세요.

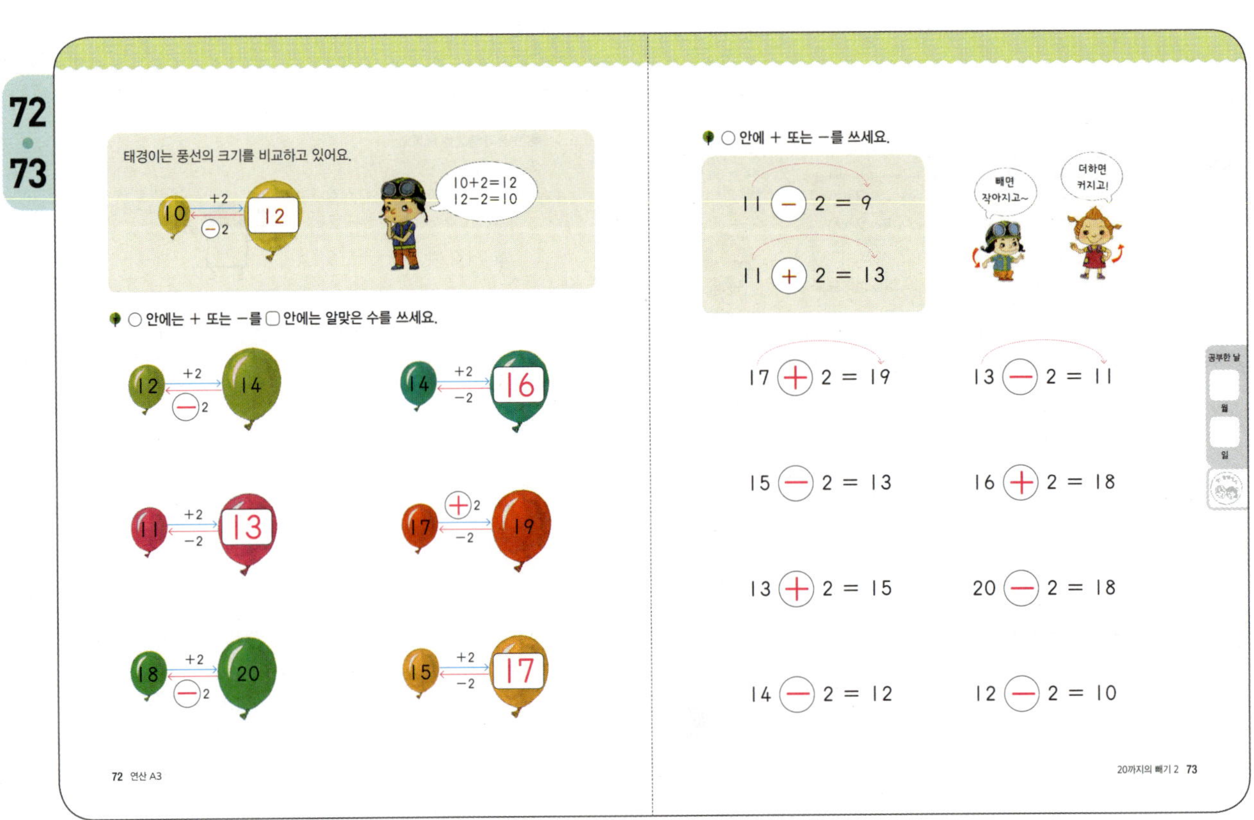


🔵 ◯ 안에 + 또는 −를 쓰세요.



17 ⊕ 2 = 19      13 ⊖ 2 = 11

15 ⊖ 2 = 13      16 ⊕ 2 = 18

13 ⊕ 2 = 15      20 ⊖ 2 = 18

14 ⊖ 2 = 12      12 ⊖ 2 = 10



72 연산 A3          20까지의 빼기 2   73

## 무엇을 배웠을까요

♠ 뺄셈을 하세요.

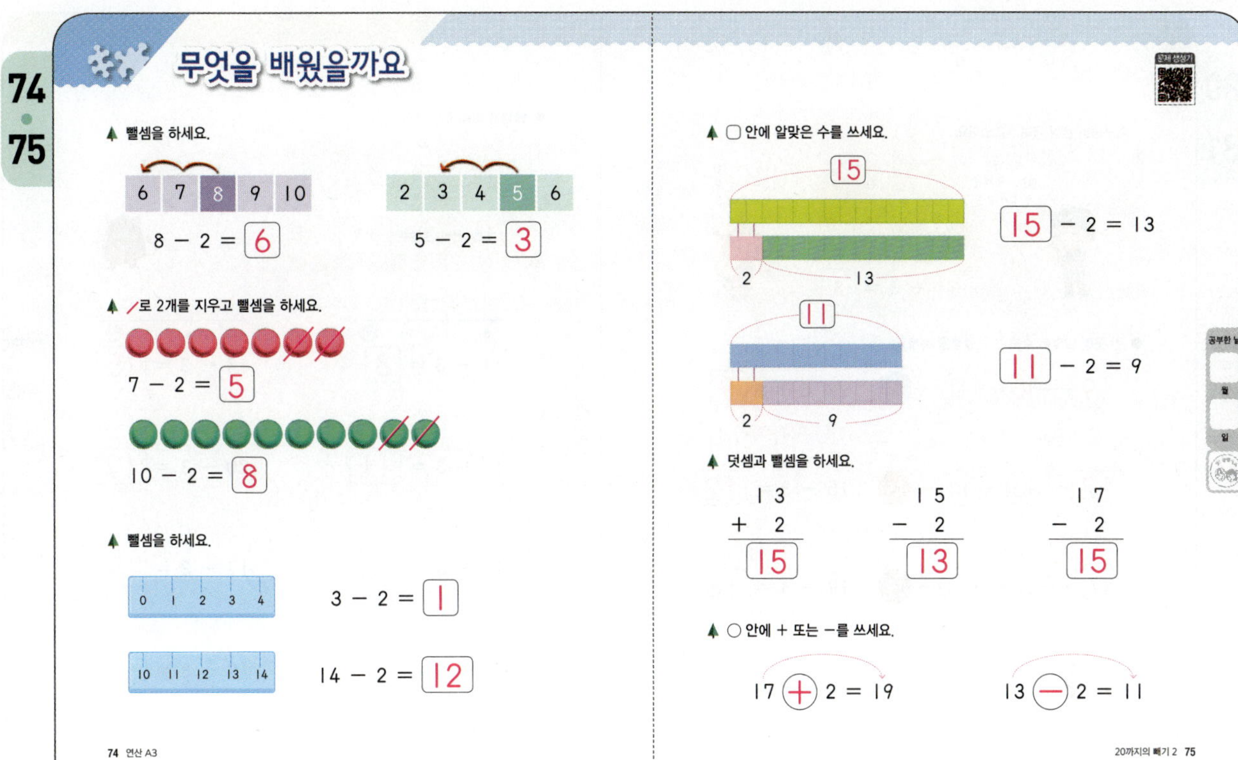

| 6 | 7 | 8 | 9 | 10 |

$8 - 2 = 6$

| 2 | 3 | 4 | 5 | 6 |

$5 - 2 = 3$

♠ / 로 2개를 지우고 뺄셈을 하세요.

$7 - 2 = 5$

$10 - 2 = 8$

♠ 뺄셈을 하세요.

| 0 | 1 | 2 | 3 | 4 |

$3 - 2 = 1$

| 10 | 11 | 12 | 13 | 14 |

$14 - 2 = 12$

♠ ☐ 안에 알맞은 수를 쓰세요.

15

$15 - 2 = 13$

11

$11 - 2 = 9$

♠ 덧셈과 뺄셈을 하세요.

$\begin{array}{r} 1\,3 \\ +\ \ 2 \\ \hline 15 \end{array}$
$\begin{array}{r} 1\,5 \\ -\ \ 2 \\ \hline 13 \end{array}$
$\begin{array}{r} 1\,7 \\ -\ \ 2 \\ \hline 15 \end{array}$

♠ ◯ 안에 + 또는 −를 쓰세요.

$17 \enspace \boxed{+} \enspace 2 = 19$

$13 \enspace \boxed{-} \enspace 2 = 11$






## 56  빼기 3은 거꾸로 3 뛴 수

$4 - 3 = 1$

♠ 색칠된 칸에서 거꾸로 3칸 뛴 수에 ◯표 하고 뺄셈을 하세요.

$5 - 3 = 2$

$7 - 3 = 4$

$10 - 3 = 7$

♣ 뺄셈을 하세요.

| 1 | 2 | 3 | 4 | 5 |

$5 - 3 = 2$

| 1 | 2 | 3 | 4 | 5 |

$4 - 3 = 1$

| 3 | 4 | 5 | 6 | 7 |

$7 - 3 = 4$

| 5 | 6 | 7 | 8 | 9 |

$8 - 3 = 5$

| 6 | 7 | 8 | 9 | 10 |

$9 - 3 = 6$

| 2 | 3 | 4 | 5 | 6 |

$6 - 3 = 3$

| 6 | 7 | 8 | 9 | 10 |

$10 - 3 = 7$

## 80 · 81

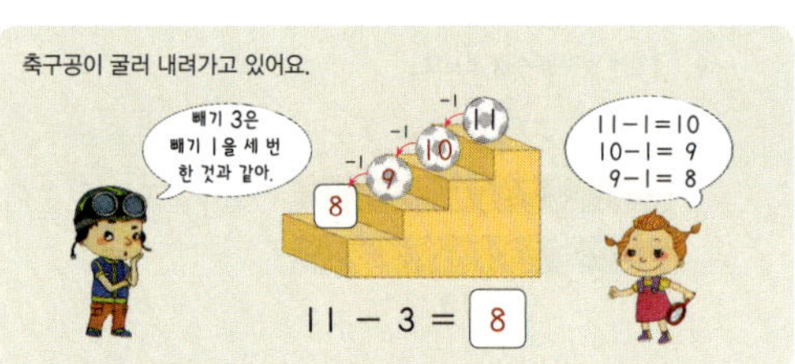


빈 곳에 알맞은 수를 쓰고 뺄셈을 하세요.

9 ← 10 ← 11 ← 12    12 − 3 = 9

12 ← 13 ← 14 ← 15    15 − 3 = 12

16 ← 17 ← 18 ← 19    19 − 3 = 16

17 ← 18 ← 19 ← 20    20 − 3 = 17

뺄셈을 하세요.

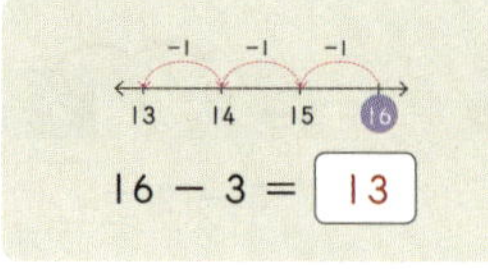

16 − 3 = 13

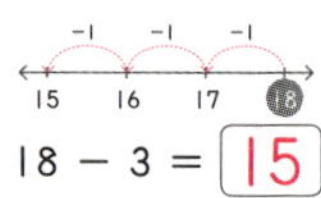

11 − 3 = 8

18 − 3 = 15

14 − 3 = 11

20 − 3 = 17

13 − 3 = 10

17 − 3 = 14

15 − 3 = 12

19 − 3 = 16




## 82 · 83

### 57  빼기 3은 3 작은 수

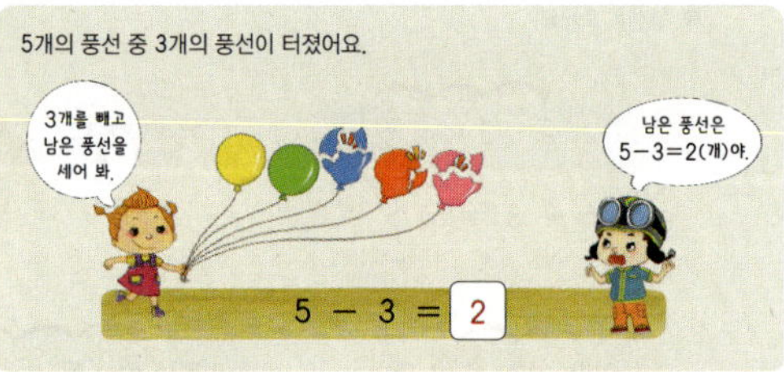


그림을 보고 뺄셈을 하세요.

4 − 3 = 1

7 − 3 = 4

8 − 3 = 5

6 − 3 = 3

/로 3개를 지우고 뺄셈을 하세요.

7 − 3 = 4

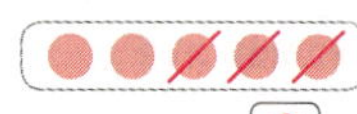

5 − 3 = 2

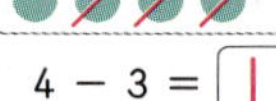

4 − 3 = 1

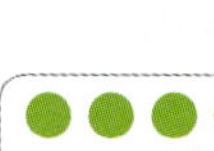

9 − 3 = 6

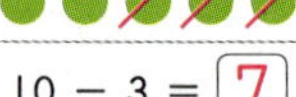

10 − 3 = 7

8 − 3 = 5

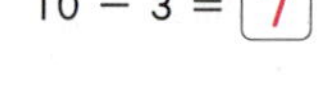

6 − 3 = 3

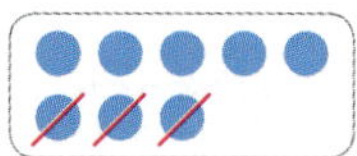

$11 - 3 = \boxed{8}$

🌱 그림을 보고 뺄셈을 하세요.

$13 - 3 = \boxed{10}$

$15 - 3 = \boxed{12}$

$12 - 3 = \boxed{9}$

$17 - 3 = \boxed{14}$

🌱 ╱로 연결큐브 3개를 지우고 뺄셈을 하세요.

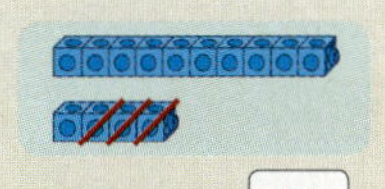


$14 - 3 = \boxed{11}$

$13 - 3 = \boxed{10}$

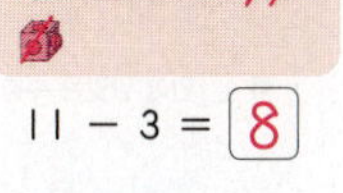
$11 - 3 = \boxed{8}$

$16 - 3 = \boxed{13}$

$19 - 3 = \boxed{16}$

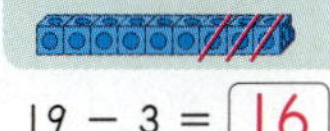
$18 - 3 = \boxed{15}$

$20 - 3 = \boxed{17}$

---



## 58 □가 있는 빼기 3

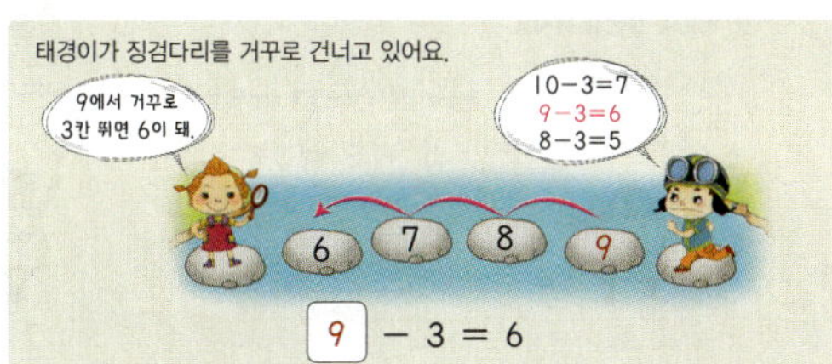


$\boxed{9} - 3 = 6$

🌱 빈 곳에 알맞은 수를 쓰세요.

3 4 5 6
$\boxed{6} - 3 = 3$

1 2 3 4
$\boxed{4} - 3 = 1$

4 5 6 7
$\boxed{7} - 3 = 4$

7 8 9 10
$\boxed{10} - 3 = 7$

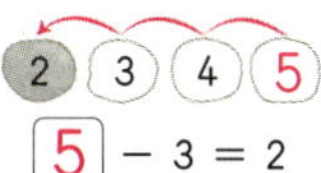
2 3 4 5
$\boxed{5} - 3 = 2$

5 6 7 8
$\boxed{8} - 3 = 5$

🌱 □ 안에 알맞은 수를 쓰세요.

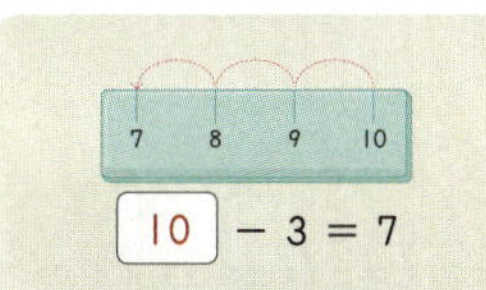


$\boxed{10} - 3 = 7$

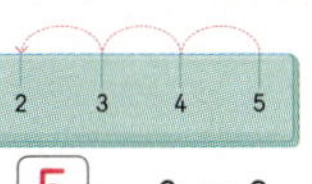
2 3 4 5
$\boxed{5} - 3 = 2$

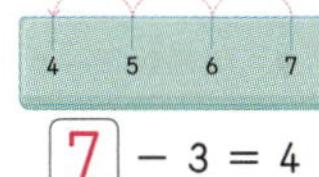
4 5 6 7
$\boxed{7} - 3 = 4$

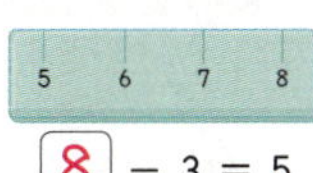
5 6 7 8
$\boxed{8} - 3 = 5$

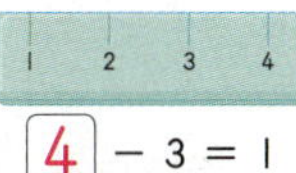
1 2 3 4
$\boxed{4} - 3 = 1$

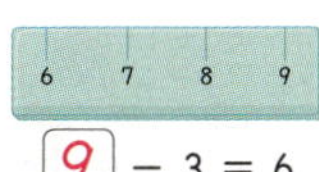
6 7 8 9
$\boxed{9} - 3 = 6$

3 4 5 6
$\boxed{6} - 3 = 3$

**88 · 89**

태경이는 막대 조각의 수를 비교하고 있어요.



● ◯ 안에 알맞은 수를 쓰세요.



● ◯ 안에 알맞은 수를 쓰세요.



18 − 3 = 15          11 − 3 = 8

16 − 3 = 13          19 − 3 = 16

15 − 3 = 12          20 − 3 = 17

12 − 3 = 9          17 − 3 = 14



---

**90 · 91**

### 59 더하기 3과 빼기 3

태경이와 지오가 울타리 옆을 뛰어가고 있어요.



● ◯ 안에 알맞은 수를 쓰세요.

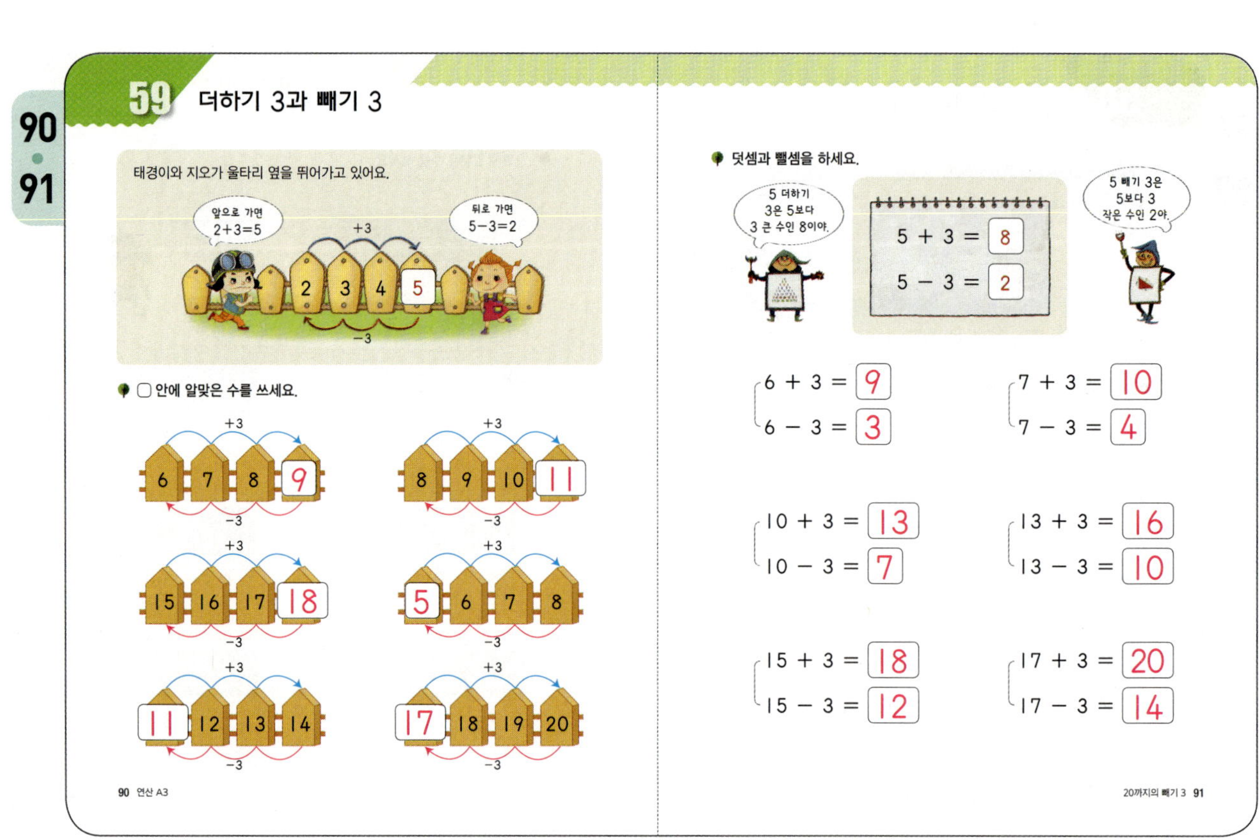



● 덧셈과 뺄셈을 하세요.



6 + 3 = 9          7 + 3 = 10
6 − 3 = 3          7 − 3 = 4

10 + 3 = 13          13 + 3 = 16
10 − 3 = 7          13 − 3 = 10

15 + 3 = 18          17 + 3 = 20
15 − 3 = 12          17 − 3 = 14

태경이는 2가지 방법으로 덧셈을 해요.

옆으로 쓴 식을 세워서 쓸 수 있어요. 덧셈과 뺄셈을 하세요.

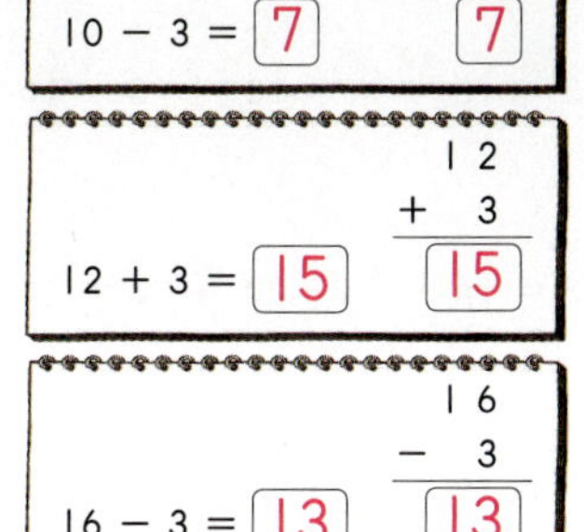

$$10 - 3 = \boxed{7} \qquad \begin{array}{r} 1\,0 \\ -\ 3 \\ \hline \boxed{7} \end{array}$$

$$12 + 3 = \boxed{15} \qquad \begin{array}{r} 1\,2 \\ +\ 3 \\ \hline \boxed{15} \end{array}$$

$$16 - 3 = \boxed{13} \qquad \begin{array}{r} 1\,6 \\ -\ 3 \\ \hline \boxed{13} \end{array}$$



덧셈과 뺄셈을 하세요.

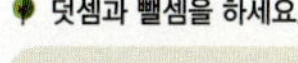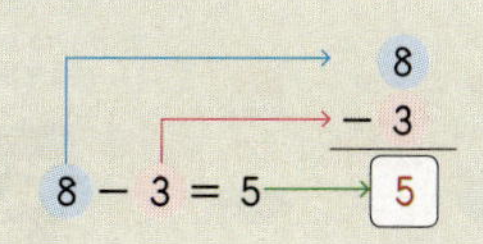


$$\begin{array}{r} 5 \\ +\ 3 \\ \hline \boxed{8} \end{array} \qquad \begin{array}{r} 8 \\ +\ 3 \\ \hline \boxed{11} \end{array} \qquad \begin{array}{r} 1\,1 \\ +\ 3 \\ \hline \boxed{14} \end{array}$$

$$\begin{array}{r} 1\,5 \\ +\ 3 \\ \hline \boxed{18} \end{array} \qquad \begin{array}{r} 4 \\ -\ 3 \\ \hline \boxed{1} \end{array} \qquad \begin{array}{r} 9 \\ -\ 3 \\ \hline \boxed{6} \end{array}$$

$$\begin{array}{r} 1\,2 \\ -\ 3 \\ \hline \boxed{9} \end{array} \qquad \begin{array}{r} 1\,8 \\ -\ 3 \\ \hline \boxed{15} \end{array} \qquad \begin{array}{r} 2\,0 \\ -\ 3 \\ \hline \boxed{17} \end{array}$$






## 60  +와 −

자동차가 갈림길에서 올바른 길을 찾아 가고 있어요.

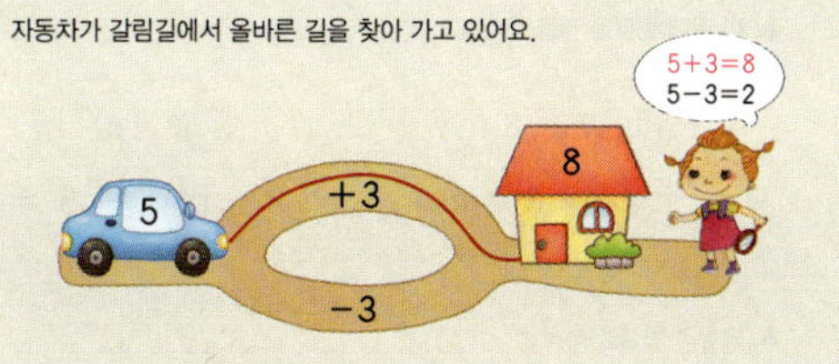


안의 수가 되는 길을 찾아 선을 그으세요.

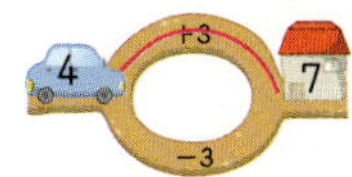 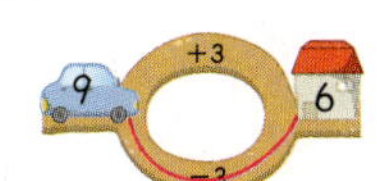



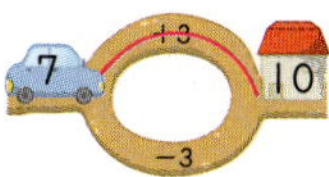 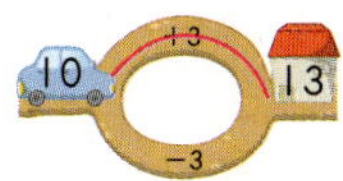



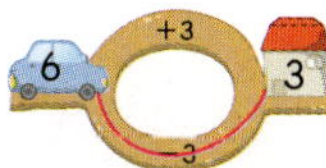 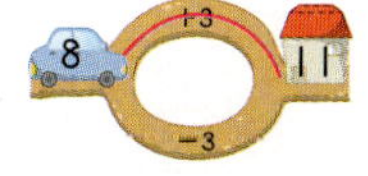



○ 안에 + 또는 −를 쓰세요.

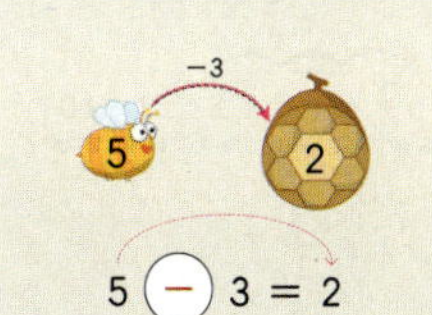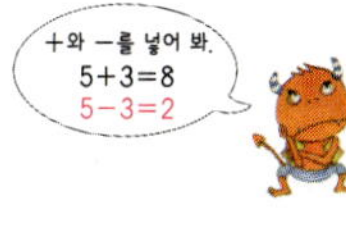

$$5 \,\boxed{-}\, 3 = 2$$

$$8 \,\boxed{-}\, 3 = 5 \qquad 3 \,\boxed{+}\, 3 = 6$$

$$5 \,\boxed{+}\, 3 = 8 \qquad 7 \,\boxed{-}\, 3 = 4$$

$$4 \,\boxed{-}\, 3 = 1 \qquad 6 \,\boxed{+}\, 3 = 9$$

$$10 \,\boxed{-}\, 3 = 7 \qquad 9 \,\boxed{+}\, 3 = 12$$

## 96 · 97

지오는 병에 든 물의 양을 비교하고 있어요.

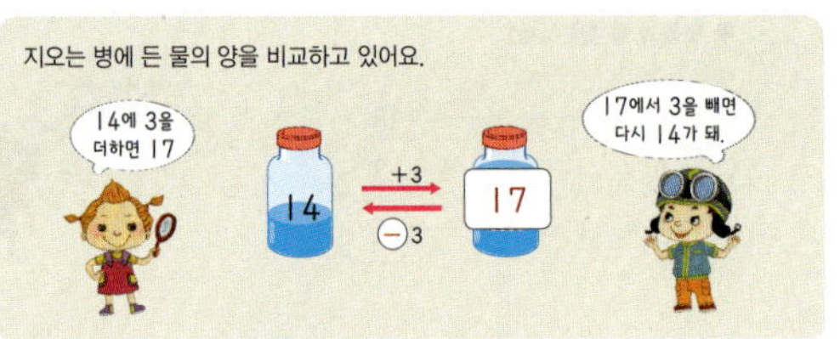


● ○ 안에는 + 또는 −를 쓰고 ☐ 안에는 알맞은 수를 쓰세요.

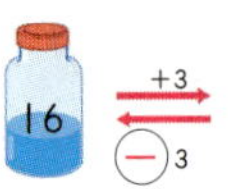 16 +3 ⊖3 19    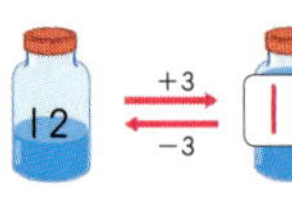 12 +3 −3 **15**

 11 +3 ⊖3 14     15 +3 −3 **18**

 17 ⊕3 −3 20    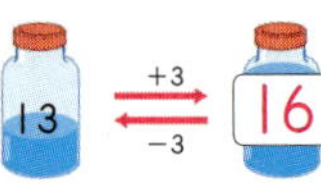 13 +3 −3 **16**



● ○ 안에 + 또는 −를 쓰세요.

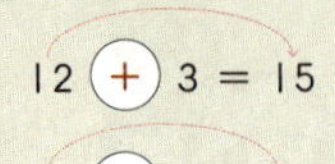
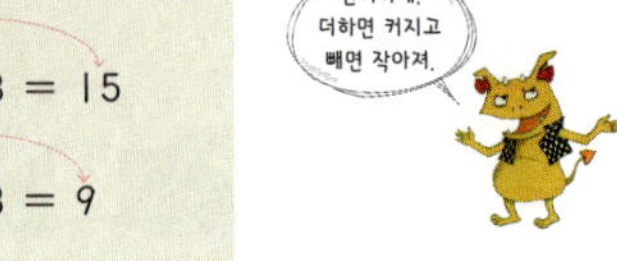


12 $\oplus$ 3 = 15

12 $\ominus$ 3 = 9

11 $\ominus$ 3 = 8      14 $\oplus$ 3 = 17

18 $\ominus$ 3 = 15      13 $\oplus$ 3 = 16

17 $\ominus$ 3 = 14      20 $\ominus$ 3 = 17

16 $\oplus$ 3 = 19      15 $\ominus$ 3 = 12





## 98 · 99

### 무엇을 배웠을까요

▲ 색칠된 칸에서 거꾸로 3칸 뛴 수에 ○표 하고 뺄셈을 하세요.

1 2 3 4 ⑤ 6 7 8 9 10

8 − 3 = **5**

▲ 빈 곳에 알맞은 수를 쓰고 뺄셈을 하세요.

**2** ← **3** ← **4** ← 5      5 − 3 = **2**

**10** ← **11** ← **12** ← 13      13 − 3 = **10**

▲ 그림을 보고 뺄셈을 하세요.

 10 − 3 = **7**

14 − 3 = **11**



▲ 빈 곳에 알맞은 수를 쓰세요.

6 7 8 **9**      15 16 17 **18**

**9** − 3 = 6      **18** − 3 = 15

▲ 덧셈과 뺄셈을 하세요.

4 + 3 = **7**      16 + 3 = **19**

4 − 3 = **1**      16 − 3 = **13**

▲ ○ 안에 + 또는 −를 쓰세요.

4 $\oplus$ 3 = 7      19 $\ominus$ 3 = 16

▲ 덧셈과 뺄셈을 하세요.

$$\begin{array}{r} 1\ 0 \\ +\ \ 3 \\ \hline \mathbf{13} \end{array} \qquad \begin{array}{r} 7 \\ -\ 3 \\ \hline \mathbf{4} \end{array} \qquad \begin{array}{r} 1\ 7 \\ -\ \ 3 \\ \hline \mathbf{14} \end{array}$$

## 20까지의 더하기 2

관련 쪽수: 6~27쪽

✛ 덧셈을 하세요.

1 + 2 = 3          3 + 2 = 5

5 + 2 = 7          8 + 2 = 10

10 + 2 = 12        6 + 2 = 8

2 + 2 = 4          9 + 2 = 11

2 + 12 = 14        2 + 15 = 17

2 + 16 = 18        2 + 10 = 12

2 + 7 = 9          2 + 13 = 15

✛ ◻ 안에 알맞은 수를 쓰세요.

1 + 2 = 3          8 + 2 = 10

14 + 2 = 16        11 + 2 = 13

3 + 2 = 5          12 + 2 = 14

7 + 2 = 9          10 + 2 = 12

2 + 17 = 19        2 + 8 = 10

2 + 6 = 8          2 + 13 = 15

2 + 15 = 17        2 + 9 = 11





## 20까지의 더하기 3

관련 쪽수: 30~51쪽

✛ 덧셈을 하세요.

1 + 3 = 4          2 + 3 = 5

5 + 3 = 8          4 + 3 = 7

9 + 3 = 12         10 + 3 = 13

11 + 3 = 14        14 + 3 = 17

17 + 3 = 20        3 + 3 = 6

12 + 3 = 15        15 + 3 = 18

6 + 3 = 9          7 + 3 = 10

✛ ◻ 안에 알맞은 수를 쓰세요.

3 + 3 = 6          6 + 3 = 9

2 + 3 = 5          8 + 3 = 11

10 + 3 = 13        9 + 3 = 12

4 + 3 = 7          11 + 3 = 14

3 + 15 = 18        3 + 14 = 17

3 + 11 = 14        3 + 1 = 4

3 + 7 = 10         3 + 12 = 15

## 106 · 107

### 20까지의 빼기 2

관련 쪽수: 54~75쪽

✛ 뺄셈을 하세요.

$5 - 2 = \boxed{3}$   $7 - 2 = \boxed{5}$

$4 - 2 = \boxed{2}$   $9 - 2 = \boxed{7}$

$13 - 2 = \boxed{11}$   $17 - 2 = \boxed{15}$

$16 - 2 = \boxed{14}$   $19 - 2 = \boxed{17}$

✛ ☐ 안에 알맞은 수를 쓰세요.

$\boxed{7} - 2 = 5$   $\boxed{5} - 2 = 3$

$\boxed{6} - 2 = 4$   $\boxed{9} - 2 = 7$

$\boxed{14} - 2 = 12$   $\boxed{18} - 2 = 16$

$\boxed{16} - 2 = 14$   $\boxed{20} - 2 = 18$



✛ 덧셈과 뺄셈을 하세요.

$\begin{array}{r} 5 \\ + 2 \\ \hline \boxed{7} \end{array}$   $\begin{array}{r} 7 \\ - 2 \\ \hline \boxed{5} \end{array}$   $\begin{array}{r} 9 \\ - 2 \\ \hline \boxed{7} \end{array}$

$\begin{array}{r} 8 \\ + 2 \\ \hline \boxed{10} \end{array}$   $\begin{array}{r} 13 \\ - 2 \\ \hline \boxed{11} \end{array}$   $\begin{array}{r} 17 \\ + 2 \\ \hline \boxed{19} \end{array}$

$\begin{array}{r} 15 \\ - 2 \\ \hline \boxed{13} \end{array}$   $\begin{array}{r} 18 \\ + 2 \\ \hline \boxed{20} \end{array}$   $\begin{array}{r} 19 \\ - 2 \\ \hline \boxed{17} \end{array}$

✛ ○ 안에 + 또는 −를 쓰세요.

$7 \boxed{+} 2 = 9$   $8 \boxed{-} 2 = 6$

$18 \boxed{-} 2 = 16$   $15 \boxed{+} 2 = 17$



## 108

### 20까지의 빼기 3

관련 쪽수: 78~99쪽

✛ 뺄셈을 하세요.

$8 - 3 = \boxed{5}$   $6 - 3 = \boxed{3}$

$11 - 3 = \boxed{8}$   $9 - 3 = \boxed{6}$

$14 - 3 = \boxed{11}$   $16 - 3 = \boxed{13}$

$19 - 3 = \boxed{16}$   $20 - 3 = \boxed{17}$

✛ ☐ 안에 알맞은 수를 쓰세요.

$\boxed{7} - 3 = 4$   $\boxed{5} - 3 = 2$

$\boxed{10} - 3 = 7$   $\boxed{12} - 3 = 9$

$\boxed{17} - 3 = 14$   $\boxed{15} - 3 = 12$

$\boxed{13} - 3 = 10$   $\boxed{18} - 3 = 15$